# IL PROFESSORE

# GIUSEPPE MONTANELLI

# E GLI ESCLUSIVI

### DEL CONTE

### N. C. MARISCOTTI

già Deputato all'Assemblea Toscana

FIRENZE
Tipografia Torelli
1861.

IL PROFESSORE

# GIUSEPPE MONTANELLI

## E GLI ESCLUSIVI

# AL LETTORE

" Mihi Galba, Otho, Vitellius, nec
beneficio nec injuria cogniti ,,
*C. Corn. Taciti Hist. lib. I.*

Se il prof. Giuseppe Montanelli si trovasse
in condizione di un conte Cavour, io non sarei
stato il solo a sorgere difensore dell' onor suo
vilipeso; ed in ogni caso la parte, che ne avessi
sposato, non sarebbesi per fermo giudicata spon-
tanea e disinteressata. — Ma il prof. Montanelli, della cui amicizia mi onoro, è un privàto
sebbene orrevolissimo, cittadino, che non pure
non ebbe risarcimento delle vecchie ingiurie,
ma nuove e più atroci ha testè ricevuto dagli *Esclusivi*. Chi siano costoro, lo saprai, o lettore, se darai una occhiata a queste mie pagine.
Ora, così stando le cose, io credo, che anco i meno
benevoli giudici delle altrui coscienze dovran
riputare questa apologia l' effetto della convin-
zione.

*Firenze 10 Gennaio 1861.*

N. Carlo Mariscotti.

L'Associazione degli Artigiani essendo un sintomo gravissimo, che va ridestandosi nel popolo la coscienza dei proprii diritti, suscitò, come già annunziammo, le diffidenze e le mal represse ire di un partito, il quale, sebbene noveri nel suo seno distintissimi personaggi, ha avuto ed ha tuttavia la gran colpa di volere ogni cosa pubblica disporre e definire a suo beneplacito: il qual partito si è chiamato fin qnì de'*moderati.* Se non che ognun comprende, esser giunto il tempo di applicare alle cose il linguaggio, che più loro si conviene: quindi, essendo lo *esclusivismo* una intemperanza, una ebrietà politica, quelli che lo professano non possono chiamarsi *moderati,* a meno che non voglia rinunziarsi a'principii di logica, i quali comandano, che le parole sieno appropriate rigorosamente alle idee, senzachè nascerebbe confusione e disordine. D'ora in-

4

nanzi adunque noi chiameremo col nome di *esclu-*
*sivi* tutti coloro, i quali vorrebbero l'Italia ed il
civile e politico ordinamento di lei attribuire soltanto
a 'sè stessi: e siccome fin qui quésta intemperaaza
è stata ed è propria de'*moderati*, così costoro saranno
col nome di *esclusivi* denotati, ristabilendo così
l'armonia tra le idee e le parole, che le rappre-
sentano.

La diffidenze a le ire adunque degli *esclusivi*
suggerirono il concetto di concitare l'animavversione
pubblica contro la nascente *Associazione degli Ar-*
*tigiani*; e siccomé sovente in politica da certuni si
bada poco alla morale, così giudicossi, che uno
de'mezzi più acconci a soffocare nelle sue fasce la
temuta istituzione, fosse il diffamare i membri, per
consiglio ed opera de'quali essa sorgeva.

Un giornale fiorentino, tra'minori per formato
- e per pregio, bensì massimo nell'arte della diffama-
zione e della calunnia, si tolse l'assunto di deni-
grare la riputazione di uno tra'più insigni patriotti,
il prof. Giuseppe Montanelli, contro il quale vuotò
testè il sacco delle più inqualificabili ingiurie.

Finchè si trattasse di oltraggio individuale,
fosse pure il più sanguinoso, noi non muoveremmo parola, e lasceremmo all'ingiuriato la vendetta dell'onor
suo vilipeso; ma quando costui appartiene ad un
principio politico per antiche e nuove relazioni, è
dovere della stampa, che propugna quel principio,
far propria l'offesa individuale, e trarne le dovute
vendette.

Ora il giornale diffamatore nella sua diatriba contro il prof. Montanelli non si limita ad affari e contese individuali, ma adultera e falsa un periodo di Storia, come già fecero anni indietro un Arlincourt, un Balleydier, un padre Bresciani della Compagnia di Gesù, e ne' presenti tempi gli *esclusivi* per comodo della loro bottega.

Riassumendo tutta la congerie delle invettive *ispirate* all'articolista del lurido giornale, di cui parliamo, ci sembra potersi ridurre a questo:

*Che il prof. Giuseppe Montanelli non ha mai avuto convinzioni alcune, nè religiose, nè politiche. — Non religiose, perchè fu dapprima affetto di misticismo fino alla bigotteria: poi fu tutto al rovescio, divenuto essendo perfino scettico. — Non politiche, perchè sul principio del movimento italiano scriveva al ministro Cempini, non sapersi che fare della costituzione, mentre poi non gli bastò la costituente: così, mentre dapprima fu nemico acerrimo del Guerrazzi, ed istigava il Ridolfi a torre di mezzo quel sommovitore di popolo scelselo dipoi a collega nel ministero di ottobre 1848. Fautore di Repubblica nel 1849, quando e per causa della costituente e della Repubblica la Toscana si trovò esposta alla invasione austriaca, il Montanelli da Parigi, ov'erasi posto in salvo, con scritti pieni di vanità indelicatamente svelò certe sue relazioni con persone, le quali si sarebbero trovate esposte per tali rivelazioni all'odio della polizia austriaca; al tempo medesimo, ch'egli non sapeva dare agli amici suoi miglior suggerimento, tranne quello di salvare la costituzione concessa dal Granduca Leopoldo nel 1848 : — finalmente, venuta la seconda riscossa nel 1859, deputato all'Assemblea Toscana rifiutò il suo voto al principio della unità d'Italia per farsi propugnatore di un Regno separato da darsi ad un principe di casa Buonaparte.*

A queste poche parole si compendia l'articolo del famigerato giornaletto fiorentino : il di più, onde si empiono le sue colonne, sono triviali abbelli-menti d'ingiurie ed insolenze, fregio rettorico forse richiesto dall'indole e dalle abitudini di quel giornale.

Ognuno vede a colpo d'occhio, che nell'accusa del prof. Montanelli si racchiude un'accusa a tutti gli uomini del 1849, ed in una condanna d'indivi-duo si comprende la condanna di avvenimenti gra-vissimi, ch'è forse troppo immaturo ancora il giu-dicare.

Non ci occuperemo di confutare la prima parte della diatriba, nella quale si giudica l'uomo reli-gioso. Vi sono certi diritti di proprietà nello indi-viduo, i quali non solo sono inviolabili al pari di ogni proprietà, ma eziandio inscrutabili da chiunque abbia l'animo informato ai più volgari principii di educazione e di decenza, i quali si vedono, grazie a Dio, generalmente osservati, menochè in alcuni giornaletti, pe' quali non vi è più recondito ricetto della famiglia, e neppure il cuore umano, che si sottragga allo impudico loro sguardo.

Tra i diritti preziosi dell' individuo, che non possono violarsi nè scrutarsi da chicchessia, primeggia la *religione*. Questa è un rapporto misterioso, che passa tra l' uomo e Dio, nè può aver giudice di sorte sulla terra : Dio solo è quegli, che ha il diritto di sentenziare. Conciossiachè non siavi principio religioso, comunque ottimo, che non possa adulterarsi dalla malizia e perfidia del cuore, il quale è recinto da tali latebre, che solo l'onniveggente occhio di Dio possa scrutarlo. Lasceremo adunque il prof. Montanelli alle sue convinzioni religiose, quali ch'esse sieno, tanto più che non ci sono note, nè crediamo di errare supponendo, che il libellista nè sia ignaro al pari di noi, tostochè egli non riferisce nè accenna documento di sorte, che, avendolo, poteva benissimo pubblicare una volta che avea rotto il marcio con ogni principio di convenienza.

Nè pure ci occuperemo di più dell' artificioso argomento, che il libellista vorrebbe desumere dalla lettera, la quale si asserisce essere stata scritta al ministro Cempini per scusarsi della nota addossatagli di cospirare per la costituzione. Ognuno rammenterà, che il movimento del 1847 ebbe principio dalle riforme di Pio IX negli Stati Pontifici. Un papa riformatore parve tal miracolo, che ognuno andò sulle sue orme, e lo spirito pubblico si tradusse in uno spirito di imitazione: riforme concedeva Pio IX, e riforme si chiesero per la universa Italia. Guardia Civica concedevasi dal pontefice, e guardia civica gridarono gl' Italia-

ni; alle prepotenze austriache si oppose. Pio IX,
decretando armamenti e radunata di soldatesche, e
gl' Italiani pieni d' entusiasmo, come i primi cro-
ciati, osarono innalzare le menti al pensiero di una
guerra nazionale: auspice Pio, tutto pareva ottimo,
tutto facile a compiersi. Ora, avviatosi una volta il
movimento italiano sul cammino delle Riforme, certa
cosa ella è, che la Costituzione ne sarebbe stata l'ultimo anello, e chi si fosse fatto da quella, sarebbe
stato messo in voce di pazzo; la qual cosa è tanto
vera, che allorquando il marchese di Laiatico, pre-
correndo forse un po' precipitatamente gli avvenimenti,
si fè a consigliarne a Leopoldo la concessione, come
non ebbe buono incontro in Corte, così gli mancò
il plauso de' suoi amici politici, a' quali il procedere del Laiatico parve inopportuno e pericoloso. Di
più Montanelli essendo, professore nella Università
di Pisa; avendo fondato insieme con Silvestro
Centofanti il giornale l' *Italia*, che si palesò tra i
più caldi, era obbligato a disperdere i sospetti
concepiti contro di lui; nè so quanta autorità
possa concedersi ad una lettera, che il sottopo-
sto scrive ad un ministro di Stato, onesto sì, e
d' intieri principii, ma appartenente al vecchio sistema, qual fu il Cempini.

Ma il prof. Montanelli, che nel 1848 era tra' più
popolari moderatori del movimento italiano, andò
assai più oltre, che non avesse fatto vagheggiando
la costituzione: imperocchè co' suoi scritti e co' suoi
discorsi adombrò il concetto astratto dell' unità

italiana, conciliandola col sistema federativo, concetto ch' è assai più ardito che non quello di uno Statuto. Nè si creda, che noi vogliamo magnificare la persona del Montanelli, imperocchè, ove non si volesse prestar fede alle nostre parole, riferiremo un documento del tempo, documento per fermo di cui non si saprebbe impugnare l' autorevolezza. E questo documento non è nè uno scritto del Montanelli, nè una professione di fede fatta ad avvenimenti compiuti, come oggi accade, che vediamo il restauratore della dinastia granducale; l'ex-ministro del ministero granducale; l' ex-consigliere del Consiglio di Stato Granducale; l' ex-spia e l'ex-gendarme del governo granducale bociare a perdigola: *Siamo stati sempre unitarii!* Il documento, che noi invochiamo, è il giornale orleanista francese *Le Conservateur*, il quale invelenito, perchè il commoversi d' Italia ponesse a cimento la politica de'suoi padroni, *la pace ad ogni costo*, si scaglia contro il prof. Montanelli, come quegli che osava mettere in campo il concetto della *Unità Italiana* «. *Che si-*
« *gnifica*, esclama Le Conservateur, *che. significa*
« *questa bandiera della unità italiana benedetta*
« *dal clero nella cattedrale di Livorno e salutata*
« *dal prof. Montanelli? Che significa il titolo di*
« *Re d' Italia dato nelle riunioni tumultuose a*
« *Carlo Alberto? . . . . . . Questa Unità Italia-*
« *na, che si simbolizza così imprudentemente, que-*
« *ste chimeriche sovranità, che si proclamano con*
« *puerile ardore, non sono ammesse dai trattati.*

« e niuna potenza consentirebbe a favorirne la
« illusione (1). »

Quanto poi alle inimicizie col celebre Francesco Domenico Guerrazzi, l' argomento del libellista
è inconcludente: nè sapremmo qual prova d' incoerenza voglia desumersi dallo avere il Montanelli
chiamato a far parte del Ministero, che egli aveva
lo incarico di formare, un individuo cui era stato
contrario dapprima. Il Guerrazzi ed il Montanelli
erano due uomini necessarii nell' ottobre del 1848:
il primo, come quegli che per un tacito consentimento del popolo e per la imperizia de' governanti
teneva nelle sue mani la città di Livorno da lui
salvata dall' anarchia, dove precipitavasi senza fallo
dopo il gravissimo errore commesso dal governo di
porre in collisione le truppe col popolo. Il Montanelli era altresì necessario, perchè aveva inalberato
la bandiera della costituente, salutata allora con
vivo entusiasmo dalla Toscana intiera: fossero pure
stati emuli tra sè Guerrazzi e Montanelli, una pubblica necessità comandava loro una riconciliazione,
nella quale, ( vedete diversità di umani giudizi! )
ogni onesto uomo vedrebbe un titolo di onore, ed
il libellista trova invece argomento d' incoerenza
politica. Oh buon Garibaldi! ben fai tu a dimorare

---

(1) Vedi il Giornale *L'Alba* del 27 Settembre
1847 Num. 46, nel quale, dopo avere riferito le
parole del *Conservateur*, se ne fa una vivacissima e
spiritosa confutazione. Come ognuno sa, il giornale
l' *Alba* era diretto da Giuseppe La Farina.

nella silenziosa Caprera, ed a scrivere che Catta-
neo sarebbe miglior ministro all' Italia, che il conte
di Cavour: Deh! non ti prenda vaghezza di stendere la mano, nè pure ne' supremi pericoli della
patria, a chi cedè la tua Nizza; chè i giornali sa-
lariati dagli *esclusivi* ti salterebbero tutti addosso,
e ti lacererebbero rabbiosamente nella fama, met-
tendoti al bando della gente onesta, sì come uomo
senza fede e senza principii !

E poi ognuno rammenta l'artificio, col quale
il Governo in quel tempo si studiò di aizzare le
popolazioni toscane contro Livorno e contro il suo
primo cittadino Guerrazzi: si gridò alla maestà del
principe offesa: all'ordine pubblico ruinato e pericolante: Guerrazzi e consorti furono paragonati a Ca-
tilina e Cetego; la procedura già istruita avrebbe
palesato quali ferocissimi mostri ei si fossero; si
osò infine (tanta era la vertigine di chi allora sie-
deva al timone dello Stato) accogliere nelle colonne
del giornale ufficiale uno scritto di tale, che proponeva si condannassero per acclamazione di popolo,
presso a poco come si farebbe la nomina di un
nuovo membro in un'Accademia (1). A che poi ap-
prodassero le millanterie e le goffaggini del governo,
le cose successe dipoi chiarirono: non essendovi
luogo a procedere contro gl'imputati de'più odiosi

(1) V. Gazzetta di Firenze del dì 27 Gennaio 1848 N. 21. L'articolo, a cui alludiamo, porta
la firma di Carlo Ghinozzi.

delitti, il Governo si trovò condotto ad un penoso imbarazzo, qual si era dover rinviare sì come innocenti coloro, che erano stati banditi nemici della patria e del principe: buona sorte che la sopraggiunta concessione dello Statuto avendo fatto cassare tutte le procedure iniziate, si trovò il modo di aprire la prigione del Guerrazzi e suoi soci, senza che una sentenza avesse dovuto chiarire la leggerezza del Governo: ma lo iniquo contegno usato contro un sì distinto cittadino qual si era il Guerrazzi, dovea fruttare dipoi una guerra individuale, che divenne di partito, non senza gravi danni e lutti della patria.

Ora in tanto traviamento di giudizi, qual maraviglia sarebbe stata, che il Montanelli, non dimostratosi in sulle prime benevolo al Guerrazzi, più tardi a cose chiarite divenissegli amico?

Taceremo dei meriti fattisi dal Montanelli nel servigio della causa nazionale e nella guerra della indipendenza; le ricevute ferite; la prigionia sofferta. Meriti personali sono questi, che noi lasciamo a chi vorrà farsi panegirista dell'individuo: noi difendiamo il principio politico, che nella persona del Montanelli si assale e si calunnia.

Egli è per questo, che noi dobbiamo adesso passare in rassegna gli atti del Montanelli dal giorno in cui dapprima deputato al Consiglio Generale Toscano; Governatore di Livorno; Ministro ed esule dipoi, Deputato all'Assemblea Toscana infine battè il politico arringo.

Ma prima di esaurire questo assunto, stimiamo necessarie alcune riflessioni.

Allorchè si tratta di giudicare un individuo, qualunque ei siasi, comunque ei si chiami, il quale abbia avuto una parte principale negli avvenimenti politici di un popolo, è necessario procedere ad una distinzione.

Altra cosa è la religione politica di un uomo: altra cosa è la politica in sè stessa: tra l'una e l'altra corre egual divario, come tra la scienza e l'arte; la morale e la pratica; la teoria e l'applicazione.

La religione politica consta di certi principii, i quali sono di natura loro immutabili; la politica consiste nella scelta e nell'applicazione de' mezzi, pe'quali si crede di far trionfare il principio, chè taluno professa. E quanto la prima è invariabile, nè potrebbe chicchessia disertarla per abbracciare e difendere principii contrari, senza macchiarsi di turpe apostasia, altrettanto la seconda, la politica, è di natura sua incerta e mutabile, alla pari di qualunque pratica o tennicismo, conciossiachè si renda necessario, sperimentata la poca o niuna efficacia di un mezzo dapprima riputato abile a condurre al fine, adottarne altro di natura diversa: ed in tal caso siffatta mutazione non potrebbe procacciare a veruno biasimo, sì bene lode, come prudente ed acuto uomo. Senza questa necessaria distinzione non si troverebbe chi nelle varie istorie de'popoli andasse scevro della colpa di versatile ed apostata. L'apostasia colpisce la sostanza, la essenza de'principii ; non mai la varietà o diversità dei mezzi adoperati all'attuazione ed al trionfo de'principii medesimi.

Applicando ora siffatta distinzione alle cose italiane, non ci vuol gran fatica a vedere, che la religione politica di ogni buon patriotta al principiare della rivoluzione del 1847 e 1848 a questi principii si restringeva: *Restituire l'Italia alla primitiva grandezza, epperò rivendicare la indipendenza e la libertà di lei. E siccome in Italia esistevano varie dinastie, più o meno bene affette alle singole province italiane, sulle quali distendevano la loro sovranità, così fu riputato più acconcio partito condurle sulla via delle riforme; accoppiare gl'interessi dinastici a quelli de'popoli con un legame indissolubile; promuovere una lega doganale, che poi avrebbe condotto ad una confederazione politica; di cui sarebbe stato principale concetto, la cacciata dell'Austria dalla Lombardia, atto indispensabile, perchè l'Italia potesse dirsi indipendente dalle potenze straniere, e libera in casa sua.*

Chi volesse giudicare con le vedute odierne la bontà di quel programma, messo fuori dal Gioberti ed accettato da tutti gli uomini politici di quel tempo, sbaglierebbe a partito: ragionevole era nel 1847, in cui sarebbe stato un sogno pensare a cacciare da' Pitti Leopoldo II, universalmente amato; e dal Vaticano Pio IX, per cui lo amore dei popoli diveniva furore. D'altra parte i popoli e le loro guide erano inesperti, nè mai si vide tanto schietta buona fede a riputare galantuomini i Prin-

tipi ; nè la indulgenza a perdonare le offese patite
condotta a tale eccesso da assolvere perfino Ferdinando di Napoli dalle infamie del suo governo, e
caricarne la odiosità su Del Carretto, il quale divenne il capro espiatorio delle colpe dell'unico
principe, che avesse la coscienza e la volontà di
fare il male. — Ad avvenimenti compiuti poi tutti
fecero da profeti ; tutti la fecero da giudici ; tutti
accennarono alle colpe ed agli sbagli commessi; era
proprio il caso di esclamare col gran cronista fiorentino : *Dopo il fatto, del senno sono piene le fosse.*

Ora il prof. Montanelli ebbe comune con tutti
gli uomini politici di quel tempo il programma;
partecipò ai desiderii, alle generose illusioni : e
s'egli mutò, quando gli avvenimenti sparsero la sinistra loro luce, e chiarirono chi fossero i traditori,
non sapremo chi potesse erigersi ad accusatore
di lui. Ma quale ch'ei si fosse, il Montanelli potrebbe rispondere all'indiscreto con le parole, con
le quali il Gioberti ribattè una simile accusa: « Se
« ora, che sono svanite per altrui colpa le mie e le
« comuni speranze, e ch'è mutata la materia, in
« cui si dee operare, io propongo quel miglior co-
« strutto, che può cavarsene, la nota d'incoerenza
« mi si può tanto ascrivere, quanto ad un archi-
« tetto, che varii il disegno, mutato il suolo ed i
« materiali dell'edifizio. (1) »

(1) Gioberti *Rinnov. Civ. d'Italia. Proem. p. 8.*

Povero libellista! ben·si·vede che tu ed i tuoi p
droni avete proprio perduto il bene dello intelletto
Ma ti pare egli uscir fuori con simile specie di strafa
cioni! Se l'uomo dovesse essere così immutabile, com
tu lo pretenderesti, non sai che in un diluvio univer
sale destinato a sommergere la gente volubile tu no
troveresti nè pure un Noè? Ed allora che sarebb
mai di tutti i tuoi *esclusivi* e di te? Come d' a
tra parte concilieresti, che taluno possa portare l
*Medaglia per la Restaurazione toscana dei 1
Aprile 1849; o pure la croce di Leopoldo*
*Austria* avuta dai nemici della patria e. quell
dei *SS. Maurizio e Lazzaro* avuta da Vittori
Emanuele? allora per essere stato devoto grandu
chista ed imperiale: adesso per essere stato ardent
unitario? Eh via non bisogna essere così rigoristi
quando si tratta di colpe che uno ha comuni con altr

Se non che (bada bene, o *ispirato scrittorello*
il prof. Montanelli come non ha paura del tuo rigo
rismo, così non avrebbe bisogno della tua indulgenza
chè io ti sfido a provar con un sol documento, co
una sola ragione concludente, che egli sia venut
meno alla sua religione politica: noi non lo troviam
tra i *medagliati* del principe chiaritosi austriaco: n
tra i *decorati* dallo imperatore di Austria, nè tra'*per
donati* dal governo ristorato, nè per la propria re
sipiscenza ed abiura de' folli dommi d'indipendenz
e libertà nazionale tra'*premiati* dal governo medesi
mo con lucrosi onori pubblici. Eh sì, che un uom
qual si dipinge dallo *ispirato scrittore*, non era senz

dubbio da dispregiarsi da un governo, il quale da
buon pastore apriva le amorose sue braccia a' fi-
gliuoli prodighi ravveduti, ed alle giubbe rivoltate!

Noi non entreremo in discussione sul pregio
del trovato Montanelliano, che si chiamò la *Costituente* detta del Montanelli per distinguerla dall'altra *Costituente* che dal nome del suo autore si
disse del Gioberti.

Quello che a noi preme vedere è, se sia vero
che la *Costituente*, del Montanelli e la successiva
proclamazione della Repubblica fossero le cause, le
quali riportarono in Toscana il Granduca ed i Tedeschi.

L'articolista del giornaletto fiorentino dice re-
cisamente che sì.

Ma in quel momento che affermava, egli forse
non si ricordò, ch' era in Toscana, e che Toscani
erano pure i suoi lettori: ora noi sappiamo abbastanza, come e perchè ritornasse Leopoldo, e venisse-
ro i Tedeschi, nè ci capacitiamo che possa esservi taluno così temerario da presumere d'infinocchiarci.

Una breve e succinta storia delle varie vicende
del Risorgimento italiano del 1847 e 48 basterà non
solo a mettere in chiara luce quanto avvi di stolida
malignità nell'asserzione del libellista salariato dagli
esclusivi; ma ci condurrà ad un capo diametral-
mente opposto.

Poc'anzi notammo, come il risorgimento italiano
s' inaugurasse secondo il concetto giobertiano, auspice
Pio IX, che unico tra' principi d'Italia aveva conosciuto la necessità di riformare gli ordini interni

18

dello Stato, e spontaneo si era accinto all' impresa. —
Questo fece, che Pio IX fosse sulla cima di ogni
affezione, e degli evviva al suo nome echeggiava
da un capo all'altro l' Italia. — In Toscana, dove non
si pensava a riformare, perchè rispetto agli ordini
civili ed amministrativi stava meglio delle altre parti
d' Italia, lo esempio di Pio fe' innalzare le menti à
desiderii forse per lo innanzi ignorati: ma poichè il
principe che vi regnava, si mostrava arrendevole, od
anco rifiutando non faceva dimenticare l'antica fama
di cortese e benigno, gli evviva a Pio IX si congiun-
gevano con quelli a Leopoldo. Pio IX e Leopoldo erano
di que'tempi i più popolari tra' Sovrani d'Italia. Il governo del vicino Piemonte era così poco conosciuto dagli altri popoli d'Italia, particolarmente dalla gioventù,
sempre facile ad accendersi di entusiasmo, che Carlo
Alberto non poteva dirsi nè popolare nè impopolare; conciossiachè pochi meriti gli si riconosces-
sero per procacciargli l' aureola della popolarità; nè
di demeriti si parlava, perchè gli si dovesse concitare avversa la opinione generale: le prime tristizie
del suo regno erano state dimenticate, come si di-
menticano momentanea procella, ed i lutti, che ar-
reca. D' altra parte il malumore insorto di que'tempi
tra Vienna e Torino, magnificati forse dalla fama,
contribuiva al riscaldamento delle menti sollevatesi
ad una certa contemplazione dell'idea nazionale, onde
l'odio contro l'Austria non fu solo, come per lo passato, ne' cuori di pochi liberali istrutti de'trascorsi
avvenimenti, ma accese l'animo della gioventù ita-

liana : poi le imprudenze e le millanterie austriache,
le brutalità della polizia lombardo-veneta; le uccisioni ed i ferimenti di Milano e di Pavia; infine le
truci disposizioni della legge stataria, tutto contribuì
a rendere gigante l' odio contro gli stranieri; nel
bel mazzo de' quali comprendevansi il duca di Modena e la duchessa di Parma.

. Il Re di Napoli era a buon diritto impopolare;
ma le enormità de' primi anni del suo regno erano
quasichè sconosciute da tutti, rarissimi entrando
per la sorveglianza delle polizie, unite insieme con
fraterno amplesso, gli scritti, che le rivelavano.
La opinione pubblica cominciò ad illuminarsi quando giornali politici si istituirono in Italia, e quando i
primi lamentevoli casi delle Calabrie e di Sicilia nel
1847 scuoprirono ·i tirannaci e sanguinarii propositi del governo: nonostante le moltitudini, use sempre in quel tempo a discolpare i principi, s'inveleni-
vano più contro il generale del Carretto, il quale
aveva in mano la polizia del regno, che contro
Ferdinando; ed allorchè la opinione per nuovi ed
egualmente lacrimevoli fatti cominciava già ad essere così illuminata da giudicare con retto criterio
il governo di Napoli, sopraggiunsero la Costituzione
borbonica del Gennaio 1848, la dimissione di Del
Carretto e di altri tra' più scellerati consorti di lui
sì, che Ferdinando di Napoli ottenne dalla più parte
degl' Italiani una generosa amnistia: forse i cuori
si allargavano per la consolazione vedendo caduto
un formidabile baluardo all' attuazione del program-

ma politico di que' tempi, che poggiava, sì come avvertimmo, sul principio della confederazione. — La quale, con l'abiura del re di Napoli ai sistemi di governo oppressore e violento, pareva quasi fatta, ed altro non mancassele, che rogarne un atto da'commissarii de' varii principi italiani.

Ed è opinione di gravissimi uomini che avviate, com' erano, le cose nello scorcio di Gennaio 1848, potesse l' Italia vantaggiosamente entrare nella nuova vita politica, nella quale Pio IX forse senz' addarsene l' aveva cacciata, parendo in tutti i principi sincera la voglia di riformare gli ordini de' rispettivi stati. La concessione della Costituzione napoletana sconcertò il disegno di procedere pacatamente a passi lenti e graduati: il movimento, quanto più lento, avrebbe con più sicurezza toccato la meta, ed il passaggio dal vecchio al nuovo ordine d' idee sarebbesi compito senza scosse e senza disastri. La costituzione napoletana piovuta sull'Italia all' impensata eccitò le menti, accrebbe i desiderii; smorzò i propositi di moderazione; costrinse gli altri principi italiani a fare lo stesso, e le varie costituzioni servilmente copiate su quella francese, si successero l'una dopo l'altra, *com'escon dal chiuso le pecorelle.* Ed opinarono altresì i medesimi gravissimi uomini, che non senza malizia fosse l' operato del re di Napoli, il quale con la concessa Costituzione metteva in combustione l' Italia tutta, ed imprimeva agli avvenimenti un corso troppo più rapido e violento, di quello non fosse nei comuni desiderii.

Checchè sia di ciò, forse l' Italia avrebbe re-
sistito alla inattesa scossa, perchè tra popoli e principi regnava, almeno apparentemente, il migliore accordo; il quale si chiarì viemeglio nella occasione,
che le varie costituzioni furono pubblicate: le feste,
e più che le feste le dimostrazioni di cordialità furono tali, che si sarebbe detto, che principi e popolo s' idolatravano.

La costituzione napoletana per oltre era un
fatto, che complicava l' ordinamento interno d'Italia:
suscitava, è vero, alcune difficoltà, alcuni imbaraz-
zi, ma questi e quelle non erano insormontabili,
tanto erano ben disposti gli animi; tanto grande
era di quei dì la concordia.

Ma era destino che un avvenimento straordinario, pochi giorni appresso alla pubblicazione delle
costituzioni italiane, dovesse metter sossopra l'Europa tutta, e per conseguenza l' Italia, vogliam dire
la rivoluzione francese del 24 febbraio 1848, dietro alla quale Vienna imperiale andò in fiamme, e
per lo esempio viennese, Milano e dietro a lei tutto
il Lombardo Veneto.

Le giornate di Milano furono combattimenti
giganteschi di un popolo furibondo contro la oppressione straniera: furono uno di quei tanti epi-
sodii, de' quali è ricca la storia d'Italia, e che hanno,
per dir così, salvato l' onore italiano durante la
schiavitù, e salvato pure l' avvenire della patria.
— Ma le vittorie del popolo contro le soldatesche
imperiali non compivano la liberazione delle pro-

vince italiane dalla dominazione straniera: con giu-
diziosa ritirata Radetzki salvava le disordinate legioni austriache, e le riparava entro i formidabili ba-
stioni del quadrilatero a rinvenire dallo stupore ed
attendere soccorsi.

Il grido di guerra percorse da un capo all' altro l' Italia : fu un fremito, un commovimento universale: ad inferiorità di mezzi, d' istruzione, a nulla
badossi : *Guerra, Guerra*, gridarono gl' Italiani e ri-
peterono gli eco delle montagne e delle vallate
d' Italia. — L' onore eccitò lo entusiasmo; lo entusiasmo vinse la ragione.

Frettolose passarono il Ticino le prime schiere
piemontesi: comandavale in persona il re Carlo Alberto, non sappiamo se più infiammato dallo amore
della patria, o dall' ambizione di mostrarsi gran
capitano. Ai Piemontesi vennero dietro gl' Italiani di
Toscana, degli Stati Romani, ed i volontari di Napoli — Preparati o no alla guerra, certa cosa ella
è, che una volta posti al cimento, era obbligo dei
governi ogni altra cura posporre a quella che guerra
non fosse. Aumentare le soldatesche; accrescere i
fornimenti guerreschi; secondare lo slancio dei volontarii, tutto insomma operare, che fosse pegno di
vittoria. Nello esito della guerra consistevano tutte
le speranze d' Italia: vincitrice degli Austriaci, ogni
difficoltà interna spariva; soccombente, ogni gran
male sarebbele piovuto addosso; non diremo quello
derivante da una invasione austriaca, perchè, al
punto ch' erano condotte le cose in Europa, sa-

rebbe sembrata gran mercè all' Austria rioccupare
le perdute provincie, e lasciar vivere a modo suo
il resto: ma la peggiore conseguenza di una disfatta
sarebbe stata la dissoluzione interna degli stati, conciossiachè le sventure avrebbero aperto il campo ai
partiti. — Ma disgraziatamente dai governi delle
varie parti d' Italia non si vide la importanza di
uno sforzo supremo per vincere il mortale duello tra
l' Italia e. l' Austria. Le schiere scarse in sè stesse
non ebbero i rinforzi necessari per tenere completi
i.corpi: — i provvedimenti guerreschi venivano presi
in Piemonte con vergognosa apatia e indifferenza:
— in Toscana, si trascuravano affatto, parendo al
marchese Ridolfi, che. presiedeva il gabinetto di
quel tempo, anche troppo l' ardore eccitatosi per
la guerra sì, che i volontari, i quali giornalmente
si presentavano, erano ringraziati e rimandati a casa,
loro dicendosi, che non ve n' era bisogno; essere
anche troppi quelli, che già erano in campagna.
Il Pontefice interdiceva gli apparecchi di armi e
di armati, per incompatibilità dei due poteri: allo
scrupolo si aggiungeva altresì il dubbio della lealtà
di Carlo Alberto. In Napoli la reazione prevalente
per gli orribili fatti del 15 maggio e la diffidenza
suscitatasi pel contegno di Carlo Alberto, ( il quale
alle sollecitazioni fattegli per stipulare una lega ri-
spondeva ambiguo, o negava di consentire, accen-
nando di volere a profitto degli interessi dinastici
volgere il frutto della rivoluzione italiana e de'sa-

24

crifizi comuni) (1) non solo non permettevano si
inviassero sussidi di genti in Lombardia, ma si ri-
vocavano le schiere già avviate poc' anzi. In Lom-
bàrdia, donde si poteva trarre ottimo partito a prò
della guerra, consumavasi il tempo in cance, colpa
forse della vanità municipale, che credeva aver fatto
tutto, cacciando gli Austriaci da Milano e dalle altre città; colpa altresì dei partiti estremi fatti audaci
dalle diffidenze ispirate dalle antiche colpe del re
Carlo Alberto, e dagli errori giornalieri che si com-
mettevano dal governo. — Infine (e questa è forse
la più capitale tra le cagioni, che rovinarono la

(1) « *Supponete la lega fra i governi italiani*
« *conchiusa ed attuata nel febbraio del 1848, ecco*
« *reso issofatto indubitato il prospero successo della*
« *guerra dell'indipendenza.... ecco recisi i nervi,*
« *tronche le braccia alla demagogia; ecco spente*
« *nel germe le gelosie, le diffidenze, l'astio me-*
« *schino fra i principi non solo, ma anche fra i*
« *popoli italiani. Allora l'Italia avrebbe fatto ve-*
« *ramente da sè.... e l'esoso straniero ricac-*
« *ciato oltre le Alpi da tutte le forze collegate*
« *d'Italia, avrebbe perduto perfino la speranza di*
« *rivarcarle.* E gli ordini liberi erano assicurati in
« tutta la penisola, essendo posti sotto il patroci-
« nio della lega e della dieta, e abilitato in ogni
« caso il Piemonte a difenderli. L'unione politica
« avrebbe perciò dovuto stringersi sin da principio
« quando non si seppe pure ultimare l'accordo
« delle dogane; o almeno farsi quando Roma e
« Napoli la domandavano. Or chi crederebbe, se la

guerra della Indipendenza) la presuntuosa imperizia
di Carlo Alberto, che, essendo solo un valoroso gra-
natiere, avvisavasi di essere buon capitano e da
capitano voleva farla. — Per le quali cose tutte insomma sul finire di luglio 1848 gli Austriaci som-
mavano a sei volte più che gl'Italiani, i quali dalla
regia incapacità si trovarono condotti a Milano per
icapitolarvi il 5 di Agosto, perdendo così non solo
l frutto delle prime vittorie, ma altresì tutte le con-

----

« storia non ne facesse fede, che ogni istanza e
« premura fosse inutile? Che Domenico Pareto o-
« ratore di Sardegna a Roma *a nome del suo go-*
« *verno dichiarasse, il Piemonte non poter trattare*
« *della lega se non a guerra finita?* Che Torino
« fosse men sollecito di porre la basi della nazio-
« nalità italiana, che Napoli e Roma? E i consi-
« glieri di Pio IX e di Ferdinando più teneri del-
« l'unione che Cesare Balbo? *Fatale errore fu*
« *questo del ministero piemontese, poichè diede*
« *un'arma formidabile in mano ai nemici della*
« *Causa italiana, accreditò la stolta accusa di mire*
« *usurpatrici ed ambiziose attribuite a Caro Al-*
« *berto, e tolse al ministro Troya il solo mezzo*
« *efficace, che egli aveva per persuadere al re Fer-*
« *dinando a combattere con maggiore energia la*
« *guerra della indipendenza nazionale.* Egli è in-
« dubitabile, che il non aver mandati oratori a
« Roma per conchiudere la lega, fu un errore il
« quale non per poco contribuì alle gelosie, ai so-
« spetti, alle future deliberazioni della corte romana,
« *isti tando nell'anima di Pio IX il sospetto, che*

quiste della rivoluzione di marzo (1). — In conseguenza della resa di Milano le armi italiane sgombrarono la Lombardia.

---

« l'idea di una colleganza dei principati italiani
« sotto il patrocinio del romano pontefice cedesse
« per avventura il luogo all' idea del primato di
« un principato militare e militante . . . . . .
« Certo l'errore di un uomo così leale e generoso
« come il Balbo, non fu altro che d'intelletto, ma
« non è men vero, ch'egli fu il principiatore di
« quella politica, che tolse la vittoria alle nostre
« armi e la libertà a due terzi della penisola.
« GIOBERTI Rinnovamento Civile d' Italia lib. I
« cap. IX.» I frammenti in corsivo sono di Giuseppe Massari, ed il Gioberti gl' incastrò nella sua
opera. Giuseppe Massari è autorità non sospetta.

(1) Perchè non si attribuisca a spirito anti-
monarchico la censura da noi inflitta alla memoria
di re Carlo Alberto, riferiremo il giudizio datone
dal gravissimo scrittore e di non dubbia fede qual
fu Vincenzo Gioberti.

« Ma colpa di ambizione e di boria dal canto del
« principe fu il pigliare un carico, che soverchiava
« di gran lunga la capacità sua, per non averne a
« partire con altri la gloria. Non solo Carlo Alberto
« non aveva in alcun modo la mente di capitano, ma
« era digiuno, com'è notorio in Piemonte, fin dei
« primi elementi della milizia. Ora se gli fosse stato
« veramente a cuore la salute d'Italia, non ne avreb-
« be, come fece, giuocate le sorti per vanità pre-
« sontuosa e puntiglio di comando: ma lasciato que-
« sto al general Bava, uomo di vivo ingegno, di
« antica esperienza, d'animo invitto; riputato anche

Il trionfo degli Austriaci, come lasciava aperte
le frontiere de' singoli Stati italiani allo straniero (e
ne fa fede il .di 8 agosto 1848 a Bologna), apriva

« fuori d'Italia.; i cui disegni e prevvedimenti ri-
« scossero (buon testimonio) la lode stessa degl'ini-
« mici. Ma i suoi consigli ed avvertimenti erano
« per lo più negletti, tanto che *il solo e vero*
« *rimprovero, che gli possa toccare, si è quello di*
« *avere accettato un comando, che non era se non*
« *di nome,* com'egli confessa candidamente nella
« sua scrittura. Nella quale si possono vedere ac-
« cennati in parte i molti e gravi errori commessi
« dal principe o da lui tollerati nei subalterni ;
« dico in parte, perchè non si poteva dir tutto e
« interamente. *Difetto visibile dei primi elementi*
« *dell'arte di combattere e di unità di comando;*
« *divisione delle forze; ritardo negli ordini; mosse*
« *ineguali e protratte; compagnie di una forza*
« *sproporzionata con quadri insufficienti; indisci-*
« *plina e insubordinazione; privazione di tutti i*
« *servigi speciali in un paese, dove le proprietà e*
« *le persone erano cosa sacra per noi; cattivi or-*
« *dini di vettovagliare; traino incomodo e perni-*
« *cioso di corte; mancanza assoluta di esplora-*
« *tori, e perfino di carte geografiche e topografiche;*
« *languidi e freddi bullettini, che parve tendessero*
« *a nascondere al paese gli sforzi coraggiosi e pa-*
« *triottici dei suoi figli.* — Un esercito in tali
« condizioni e così guidato non potea vincere, se
« non per miracolo : onde, anche senza far conto
« delle altre cause notate altrove, non è da stu-
« pire se tutto andasse in perdizione. » RINNOVA-
MENTO CIVILE D' ITALIA *Lib. 1. cap. XIV.*

altresì una voragine alle ire, alle diffidenze, alle re-
criminazioni La concordia tra principi e popoli era
rotta per sempre: — ai vecchi errori dei governi
altri se ne aggiunsero di nuovi e di più lacrimevoli, i quali dovevano recar seco la rovina della
patria.

Nel descrivere le tristi conseguenze cagionate
del sinistro esito della Guerra della Indipendenza,
faremo più speciale subietto del nostro racconto la
Toscana, come quella che fu il teatro delle azioni
del prof. Montanelli e consorti.

L'esercito toscano, ritraendosi a celeri passi,
da'luoghi, che furono testimoni del suo valore, rien-
trava nella massima confusione entro la frontiera toscana. La vita dei campi di guerra affievolisce
sempre i vincoli della disciplina, conciossiachè non
possa nelle cose di minore importanza procedersi
col rigore solito usarsi nelle guarnigioni: ma quando
un esercito è in rotta, la indisciplina si converte in
demoralizzazione, la quale è per un esercito quello
ch'è nelle società civili l'anarchia. Il difetto di disciplina, lamentato durante la guerra, diventò gigante nella ritirata, e cagionò la dissoluzione morale dello esercito, il quale giunse perfino ad uccidere uno de' suoi ufficiali superiori, il colonnello
Giovannetti. Nè colpa individuale fu questa, ma so-
lidale a tutto il corpo dei granatieri, i quali, stretti
da turpe patto tra sè, resero inutili le investiga-
zioni della punitrice giustizia. I volontarii reduci
da' campi aveano portato nelle città il germe della

indisciplina e del malcontento, il quale non era
senza ragione, avendo ricevuto dal Governo e dalle
autorità militari inqualificabili maltrattamenti: onde
accadde, che il generale De Laugier, comandante
supremo dei Toscani in Lombardia, al suo rientrare
in Toscana invece che applausi, ebbe segni di disapprovazione, i quali in Lucca si mutarono in
aspro e villano contegno, arrecandoglisi il più incivile ed il più sanguinoso degli oltraggi. La quale
condizione deplorevole dell'esercito abbiam creduto
necessario mettere in chiaro, perchè si comprenda,
quale appoggio era da sperarsene pel ristabilimento
e conservazione di quella civile disciplina, di cui
in Toscana provavasi difetto.

Imperocchè, sebbene il risorgimento italiano
avesse esordito in modo quieto e tranquillo, e col
reciproco accordo e benevolenza del popolo col
principe, nondimeno era sempre una rivoluzione;
e le rivoluzioni rilassano la osservanza delle leggi e
rendono incerto il contegno delle autorità chiamate
a curarne la esecuzione. Oltre a ciò in Toscana
non esisteva la polizia, essendo stata l'antica granducale polizia distrutta per antichi odii contro di
lei ne'primi bollori della rivoluzione, nè il governo
aveva provveduto ad ordinarne altra, la quale meglio si confacesse ai nuovi tempi ed alle nuove idee.
Il Parlamento, che fin dal mese di giugno aveva
incominciato le sue tornate, pareva più un'Accademia, che un assemblea, nelle cui mani si riponevano
i destini della patria. I subietti delle sue prime

adunanze furono tali da maravigliare, che potesse
un corpo legislativo occuparsene, anteponendogli
alle gravissime esigenze del giorno. Sullo scorcio di
luglio, quando tutto pericolava, e poco appresso
quando tutto era perduto, si sentì il bisogno di
occuparsi di cose guerresche ; e s'incominciò dallo
sciupare alcune lunghe tornate nella discussione
della legge pel reclutamento militare. Col nemico
alle porte era proprio il tempo di perdersi in
discussioni per fare una buona legge, la quale
avrebbe recato ottimi frutti in tempi tranquilli,
ma non suppliva alla urgenza de'casi, che esigevano
gente e subito. — Oltre a questo le difficoltà interne aumentavansi pe'sospetti ingeriti dal precipitare delle sorti della guerra. Come mai, si esclamava, dopo tante vittorie, dopo tanti lieti successi,
in un giorno solo tutto è stato perduto? Dunque i
governanti hanno ingannato il popolo, e mentre gli
avevano fatto credere, che in breve gli Austriaci
avrebbero ripassato le Alpi per la forza trionfante
delle armi italiane, oggi si se li vede piovere addosso
all'insaputa. Nè riuscendo in quel generale turba-
mento ad assegnare ai fatti dolorosi il loro vero
motivo, si dubitò di tradimento. Questa sinistra
idea avvaloravasi per le antiche colpe del re Carlo
Alberto, rese tanto più credibili dalla esasperazione
popolare, di cui fu segno in Milano: aggravavansi
i sospetti dal vedere Welden, spintosi con le sue
genti fino a Modena, ad intercessione del granduca
promettere, che avrebbe risparmiato alla Toscana la

invasione a patto, che le popolazioni di lei si fossero mantenute obbedienti alle leggi, ossequiose a
principe. Dunque, esclamavasi, il principe è di segreto accordo con lo Austriaco: il quale, se nemici
noi gli fossimo, non avrebbe usato veruno riguardo
con noi, nè sarebbegli importato, che Toscana andasse in fiamme. Che caleva al Welden della interna
indisciplina? dei popoli romoreggianti? del principe
poco riverito? Welden dunque dichiaravasi pronto
ad un intervento per ricondurre al dover loro i popoli agitati: dunque noi non eravamo in condizione
dirimpetto agli Austriaci, come di vinti a vincitori;
ma di sudditi ad imperanti; nè Leopoldo non trovavasi dirimpetto allo imperatore in condizione di principe nemico debellato di fronte a principe nemicoi
trionfante; ma di principe alleato con quello, a cui
aveva bandito guerra; dunque la guerra della Indipendenza ed il regio fervore per la liberazione della
patria erano una burla, un'azione da commedia. Dunque il sangue italiano era stato venduto! Arrogi la
invasione austriaca del Welden a Bologna, senzachè
il papa, il quale aveva fatto tanto rumore per le
violenze di Ferrara, facesse nè pure una protesta;
tutte queste cose riunite insieme concitavano gli
animi, nei quali allo antico amore pel principe sot-
tentravano cupa diffidenza ed odio. E quasichè tutte
queste complicazioni fossere di poco momento, le
imprudenze governative vennero a porgere nuova
esca al malcontento popolare. Imperocchè, avendo
il ministero, che dal marchese Ridolfi aveva preso

il nome, rassegnato i suoi poteri, il principe, invece
di circondarsi di quanti uomini autorevoli erano in
Toscana, e soprattutto accetti ai varii partiti liberali, chiamò a governare il paese uomini inetti e
nemici della libertà. Erasi, è vero, sulle prime chiamato a corte il barone Bettino Ricásoli, e datoglisi
dal principe l'assunto di formare un nuovo gabinetto: ma un partito, ostile all'Italia, e che augu-
ravasi il ritorno di una potestà assoluta all'ombra
degli Austriaci, attraversò al Ricasoli, avuto in fama di Albertista, tutte le vie per comporre un Ministero sì, ch'egli, non riuscendo a fare accettare
al principe gli uomini scelti fra'suoi consorti, dovè
rinunziare all'ufficio addossatogli, e ritrarsi alla vita
privata. Allora la fazione retrograda, fattasi avanti,
impose i nuovi ministri al principe, e sì come non
era ancor giunto il tempo di potere gittare la ma-
schera, senza pericolo, così fu posto a capo del nuovo
ministero il marchese Gino Capponi, il quale con
l'aureola del nome della famiglia popolare in Toscana, per le glorie degli antichi avi difensori della
patria libertà; aureola accresciuta nel marchese Gino
per un illibato contegno di vita e per non smentita
fama di liberali convinzioni, cuoprisse le magagne
e le mal celate cupidigie de'suoi consorti: la buona
fede del Capponi; il viver solingo, cui una crudele
infermità l'obbligava, fecero, ch'ei non si avvedesse
della trappola tesagli dalla parte retriva.

Enumerare gli errori di quel ministero sarebbe lungo e tedioso ufficio: gli avvenimenti di

quell'epoca non sono così vecchi, da non doversene
ognuno ricordare: il ministero cominciò la sua amministrazione in modo, come si sarebbe fatto negli antichi tempi, primachè la Toscana partecipasse alle
nuove idee: senza l'apparenza delle Assemblee legislative sarebbesi detto, che il regime assoluto
era tornato nella pienezza delle sue · prerogative:
d'altra parte le Assemblee Legislative erano appena un simulacro del viver libero, conciossiachè
docilmente si prestassero a tutte le voglie dei governanti. La logica e la convenienza politica si videro calpestate da quel corpo, composto quasi tutto
di avvocati, di procuratori, e di accademici geor-
gofili, ne' quali quanto grande era la smania di fu-
tili ciarle, tanto minore era la fortezza dell'animo
per provvedere alla patria pericolante: così (caso
unico nelle storia parlamentare) si videro concessi
poteri eccezionali ad un ministero dimissionario; e
poteri eccezionali si concessero, non appena richie-
sti, a' nuovi rettori, accordandosi così la più illimi-
tata fiducia a chi nè pure coi primi suoi atti aveva avuto campo a guadagnarsela e rendersene me-
ritevole. ·

Tra le città di Toscana, che più rumoreggias-
sero di quei tempi, Livorno sopra le altre si distin-
gueva: la nobiltà di quella città e la importanza
di lei meritano, che se ne facciano alcune parole.

Livorno, come tutte le città commercianti in
riva al mare, è dedita ai traffichi ed alle specula-
zioni mercantili: la indole degli abitanti è genero-

3.

sa e coidiale sì, che hanno sempre avuto fama di
amorevoli e di ospitali. La mente è fervida, il cuore
inchinevole alle forti passioni e capace di qualunque sacrifizio. L' amor del guadagno non si converte a Livorno in giudaismo, nè assopisce i nobili
istinti, le gloriose aspirazioni; onde dalla mercantile
Livorno sono partiti i primi esempi di patriottismo,
come dalle livornesi borse, a cominciare dallo opu-
lento negoziante fino al facchino del porto, sono e-
scite le più pingui volontarie oblazioni tutte le volte,
che loro si è fatto invito in nome della patria. Dal
popolo livornese ben guidato e diretto si può sperare un utile ed efficace concorso a prò della patria e della libertà: ed i numerosi volontari forniti
alla guerra della Indipendenza ed alle imprese del
Garibaldi sono una prova luminosa, che i virili propositi non sono soverchiati e spenti della cupidigia
del lucro.

Malgrado per altro della importanza di Livorno, il Governo Granducale si prese sempre picco-
lissimo pensiero della cultura e dello incivilimento
della popolazione: vedendosi Livorno fiorire per l'at-
tività dei commerci e per la straordinaria opulenza,
non si riputò necessario provvedere allo sviluppo
intellettuale e morale di quella città; quindi nessuno di quegl' istituti, che attestano la civiltà di un
popolo, vi si vide sorgere per cura del Governo; e
la scarsa ed incompleta istruzione offerta alla gioventù livornese, era opera individuale o di qualche
corpo religioso. La cassa del governo empivasi, gra-

zie al commercio livornese: ma non ne usciva un
soldo, per dir così, a benefizio della città.

Le condizioni intellettuali adunque di Livorno
erano inferiori a quelle degli altri popoli della Toscana: ma siccome in Italia gli uomini grandi
sorgono anche da' sassi, così anco Livorno diede
all' Italia Francesco Domenico Guerrazzi, gloria
letteraria vivente del secolo; e non vale il dire, se
pel suo gran cittadino Livorno ardesse di compiacenza, e se egli perciò esercitasse nella sua patria
un magistero taumaturgico.

Livorno col precipitare degli eventi italiani
partecipò allo esaltamento della rimanente Toscana,
e la concitazione vi fu maggiore, quanto più caldi,
ardenti, indisciplinati erano gli affetti; minori la
istruzione e la cultura dell' animo: da che sarebbero
derivati gravissimi mali, massime perchè il Governo
sembrava studiare i mezzi di aumentare il disordine ed il malcontento generale. E fu trista abi-
tudine invero del governo granducale attribuire
alle indisciplinatezze livornesi troppo più d'importanza, che non meritavano; come nel gennaio 1848,
che i gridi di sdegno per le violenze del duca di
Modena a Fivizzano, epperò un eccessivo sgorgo di
sentimento nazionale, furono definiti una ribellione
contro il principe, un attentato anarchico: come
nell' agosto del medesimo anno le dimostrazioni
livornesi contro la imperizia delle autorità governative si vollero far credere lo insediamento del
disordine e della empietà.

Comunque sia di ciò, o che al Governo pre-
messe di farsi credere forte alla universa. Toscana
usando una insolita e non necessaria energia contro
Livorno ; o che la fazione retrograda incarnata nel
nuovo ministero si studiasse di aumentare il disordine per aizzare l' un contro l' altro, il principe
ed il popolo : fatto sta che fu risoluto di usare la
forza contro Livorno per farvi tornare ciò, che
allora s'incominciò gesuiticamente a chiamare *ordine*.
Si ingiungeva alle truppe granducali, sguernissero
la frontiera ; facessero campo a Pisa ; di lì muo-.
vessero per Livorno. Tanta energia e risolutezza
non si videro usate mai quando la patria versava in
gravissimo rischio, e dimandava armi ed armati :
forse a' rettori di quel tempo cuoceva meno la occupazione di Milano, che un po' d' indisciplina in
Livorno : forse ancora (e non è temeraria suppo-
sizione) doleva, far essi un compito, che volentieri
avrebbero affidato al Welden. Leonetto Cipriani,
già colonnello nella guerra della Indipendenza, veniva nominato Commissario Straordinario del Gran
Duca in Livorno, e gli si dava balìa di prendere
que' provvedimenti, che avesse riputato più necessarii per riporre la città in condizioni normali :
in breve era una spedizione ostile, che un governo
italiano, un ministero costituzionale spingevano contro una città, contro un popolo italiano ! — La Toscana allora, sebbene il Governo si studiasse di perver-
tirne il senso morale ed offuscarne l'intelletto, vide con
raccapriccio in siffatto contegno per la imprudenza

de'governanti e per i mal celati artifici de'retrogradi i
primi germi della guerra civile. Un colpo di fucile o
di cannone, che fosse partito da una parte o dall'altra,
avrebbe immerso la Toscana in un pelago di guai e di
vergogne: il grido di terrore si fece strada attra-
verso il petto angosciato; si conobbe la necessità
di impedire un conflitto inutile ed obbrobrioso: la
mediazione di onorevoli uomini riuscì ad una conciliazione almeno apparente; le milizie granducali
entrarono in Livorno: il sibilo delle palle ed il tuo-
nare dei cannoni si convertirono nel gioioso strepito
delle campane ed in grida di gioia, ed in applausi
popolari, ai quali rispondevano le milizie, che, sebbene disordinate, tornavano da una infelice campagna coperte di gloria.

Se il Governo, dietro alla spedizione militare
avesse inviato una commissione di probi e valenti
personaggi, la riconciliazione sarebbe stata com-
pleta, e sarebbesi chiusa per sempre la sorgente dei
disordini. Ma un mal genio cospirava contro la patria; e serviva mirabilmente ai fini di chi cospirava
ai danni di lei: forse questo mal genio era il governo medesimo, il quale, quando pure si potesse
assolvere da tanta scelleratezza di propositi, non
potrebbe purgarsi dalla taccia di assoluta incapacità;
che pe'tempi gravissimi non era minor colpa, che
se traditore ei fosse stato. Il cumulo dei poteri go-
vernativi affidato a Leonetto Cipriani era un peso
impari alla capacità di quell'uomo, in cui prevaleva uno spirito guerriero ad una mente sapiente ed

ordinatrice quale di quei momenti si richiedeva. La
poca sagacia di lui rifulse fino dai primi atti della
sua amministrazione, conciossiachè, riputando nulla
rimanere a farsi dopochè le milizie erano entrate in
Livorno, tranne alcune provvidenze politiche e militari, le cose in modo tale assettò, che parve Livorno ridotto in istato di assedio, enormità vietata
dalla più volgare prudenza. Le ire si accesero di
nuovo: alcuni fatti inconvenienti si palesarono: a
reprimerli si rivolsero rigorose misure, e sovrattutto
un linguaggio duro e soldatesco: alcune innocue
dimostrazioni si dissiparono con la forza: uomini
inermi, e perfino alcune donne, furono malmenati a
colpi di sciabola dalla cavalleria comandata da un
Alessandro Cappellini, il cui truce contegno tanto
più concitava gli sdegni, quanto egli sapevasi nativo livornese; per dirla in breve il popolo ruppe
in sommossa, il disordine invase la città. Il Cipriani, non consultando le condizioni morali delle sue
genti, ma solo attingendo nella propria fierezza la
misura del volere dei soldati, osò impegnare il suo
piccolo esercito contro la popolazione: si accese per
le vie della città un combattimento, di cui il maggior nerbo si concentrò nella maggior piazza di Livorno, capitalissimo errore ch'espose le soldatesche
ad essere bersagliate dalle innumerevoli finestre e
da'molliplici angoli delle strade: in breve si palesò
la sfavorevole posizione delle truppe, le quali, ten-
tennando dapprima per quello spirito democratico e
sociale, che dei soldati toscani fa cattivi sgherri di

un governo impopolare, terminarono col rompere le
ordinanze, col disperdersi, col fraternizzare col popolo. La ritirata divenne una necessità, e si eseguì
rinchiudendosi in Porta Murata, donde poco appresso
le milizie granducali escirono per virtù di una capitolazione, e sgombrarono Livorno.

Se gl'istinti della popolazione fossero stati come
si volle far credere, sanguinari e crudeli; se il disordine fosse stato fomentato dalla cupidigia della
cosa altrui, ognun crederebbe, che dopo lo scacco
provato dalle armi granducali, Livorno andasse a
sangue e fiamme; che il partito vincitore menasse
strage de'soccombenti; che la città divenisse teatro
di vendette individuali; che le casse pubbliche e le
private; le più opulente magioni; i più ricchi ne-
gozi fossero saccheggiati. Ma lungi di tutto ciò, la
città rimase nelle sue condizioni abituali; i traffichi
proseguirono le loro operazioni; le casse e le proprietà individuali rimasero sotto la salvaguardia del
pubblico onore e della individuale moralità. Soltanto
contro i carabinieri, i quali disimpegnavano le fun-
zioni della polizia, si scatenarono le ire del popolo
concitato, ed ebbero a deplorarsi alcune uccisioni,
sebbene poche di numero di fronte alle conseguenze,
ch'erano a temersi pel trionfo della plebe, e di
fronte all'odio accumulato contro que'miseri, che le
cattive leggi esponevano ad esser vittime dei popolari tumulti.

Ora non si richiede peregrino talento per con-
cepire, che un popolo (qualunque sieno stati i mo-

tivi della sua sommossa) così sobrio e temperante
ne' suoi successi, non si propone l' anarchia, come
stoltamentre si bucinò, epperò con poca scienza
di governo si dirige e si guida al bene.

È facile ad immaginare come l' annunzio della
rotta delle milizie atterrisse il governo: ne' primi
momenti di stupore e di spavento si temè più di
Livorno che dell' Austria; e bene a ragione chè con
lei i governanti facevano a confidenza! I ministri invece di nascondersi il volto in seno per la vergogna,
bandivano al paese, Livorno proporsi l' anarchia; la
maestà del governo essere avvilita; - l' autorità del
Principe postergata e vilipesa da una plebe facino-
rosa, per la quale nè sacra, nè profana cosa era
rispettata: sorgesse la Toscana come un solo uomo; andasse domatrice della rivoluzione di Livorno; salvasse
la patria dal flagello della guerra civile. — Ed il
Principe, debole di animo e di mente (non oseremmo
dire, che di questo universale sconvolgimento godesse
in segreto), prestandosi a'più stolidi consigli dei ministri, facevasi a ripetere con pubblici bandi queste
infamie, ed invitava *i buoni e fedeli toscani* a fare
oste a Pisa per imporre con lo spettacolo della concordia alla ribelle città.

Tanto erano disgraziati i tempi, che nell'ordine
delle idee succedeva un vero cataclisma ! Deplora-
vasi la guerra civile, ed invocavasi la guerra civile come rimedio ; e guerra civile sarebbe accaduta davvero, se in Toscana per la natura speciale
dei suoi abitanti, le tragedie non si convertissero in

commedie. L' oste a Pisa fu fatta, chè non manca-
rono alcuni sciocchi, ai quali non parve vero di
recarsi a quella scampagnata, e passare alcuni giorni
di allegra vita e con laute spese fatte loro dallo
Stato.

Ed il Parlamento in tanta ruina della patria,
a qual contegno atteggiavasi? Sorrideva benevolo
al ministero; lo accarezzava; continuavagli il voto
di fiducia, prendevasi bel tempo in oziose o poco
concludenti discussioni; e guardava in cagnesco i
pochi deputati assisi sui banchi della opposizione.

Così volgevano le cose in Toscana, allorchè
Giuseppe Montanelli reduce della prigionia, e col
braccio per la recente ferita tuttora appeso al
collo comparve in Parlamento per adempirvi il dover suo di Deputato.

Il suo ingresso nell'aula parlamentare fu con-
trassegnato da dimostrazioni di simpatia e di giubbilo
rivolte non pure dalla universalità dei suoi colleghi
ma dai membri del ministero pur anco al soldato
della italiana indipendenza, ch'era stato compianto
tra'gloriosi estinti di Curtatone. Egli era in mezzo
alle inquietudini generali degli animi una specie di
genio benigno, che appariva consolatore e confortatore così delle presenti afflizioni, come del dubbioso
avvenire.

Ma se il Montanelli dovè rallegrarsi per quel
lusinghiero attestato, eragli riserbato pochi istanti
appresso di sentirsi ricercare le inferme membra
da un gelido terrore, allorquando il ministero an-

nunziò con fredde parole, che i mezzi di conciliazione poco o nulla profittavano per pacificare Livorno, la quale col recente rifiuto di ricevere le autorità inviatevi dal Governo si poneva in istato di ribellione, ed obbligava i ministri a rompere le officiali comunicazioni con lei. E quasi siffatta novella partecipata dal ministero al parlamento fosse di lieve importanza, i Deputati tacevano, allorchè sorse il Montanelli, e proferì queste nobili parole:

« *Il Ministero nell'ultima seduta annunziava,*
« *che le comunicazioni officiali con Livorno erano*
« *interrotte.*

« *Il fatto è della più grande importanza, ed*
« *il Consiglio Generale non può restare in si-*
« *lenzio.*

« *Io mi guarderò bene dal rimescolare un*
« *passato, che gronda sangue fraterno. Mi guarderò*
« *bene in mezzo alla eccitazione presente degli*
« *animi di proferire parole, che non sieno di con-*
« *ciliazione e di pace.*

« *So, che il tedesco è sempre in Italia, ed in*
« *mezzo alle gravi discussioni di questo recinto*
« *ho sempre negli orecchi il suono oltraggiante delle*
« *sciabole austriache striscianti per le strade delle*
« *città di Lombardia.*

« *So, che non la forza delle armi, ma i no-*
« *stri errori e le nostre discordie riaprirono allo*
« *straniero le porte di Milano.*

« *So, che quando il feld-maresciallo Radetzki*
« *leggerà, essere la discordia giunta fra noi al*

« *segno, che le comunicazioni officiali con una città*
« *così importante, come Livorno, sono interrotte,*
« *se ne rallegrerà, come se già avesse invaso la*
« *Toscana con la sua armata vittoriosa; perchè*
« *due armate egli ha ai suoi ordini in Italia, quella*
« *dei suoi soldati, e quella delle nostre discordie;*
« *e solo all'avanzarsi della seconda deve i trionfi*
« *della prima*

« *Un fatto, che rallegrerà il nostro nemico,*
« *non può non essere a noi cagione di lutto.*

« *Io non voglio credere, che questo fatto, come*
« *fu annunziato dal Ministero, suoni separazione*
« *civile della città di Livorno dal resto della To-*
« *scana; suoni esaurimento di tutti i mezzi di con-*
« *ciliazione, onde l'armonia possa essere ricompo-*
« *sta nei rapporti di Livorno col potere centrale.*
« *Se avessi questa opinione, ne sarei troppo pro-*
« *fondamente contristato: perciò mi permetto di do-*
« *mandare al Ministero, cos' abbia inteso quando*
« *annunziava, che le comunicazioni officiali con Li-*
« *vorno sono interrotte, e quale nel concetto mi-*
« *nisteriale sià la portata di questo gravissimo*
« *fatto* (1)».

Il discorso di Montanelli fu qnasi lampo, che il-
luminò di un tratto quei deputati, i quali avevano
dato prova della più vergognosa indifferenza ed apa-

(1) *Tornata del Consiglio Generale Toscano
de' 30 Settembre 1848, Vedi Gazzetta di Firenze
de' 4 Ottobre successivo N. 244.*

tia tutte volte, che si era trattato delle cose livor-
nesì ; quasichè ogni lor compito fosse finito col
consentire ai poteri eccezionali rìjhiesti dai Ministri. La idea di usare mezzi di conciliazione .non
aveva balenato alla mente di alcuno; eppure la
conciliazione era l'unico spediente da usarsi. Infatti,
dopochè le armi erano riuscite a quello infelicissi-
mo risultato del 2 settembre, conveniva trattare col
popolo o rinunziare a Livorno, in cui risiedeva la
vita della Toscana, massime quando questa non era
provincia di un tutto, ma uno stato autonomo : la
Toscana, segregata dalla rimanente Italia, non poteva fare a meno di Livorno, ed anco oggi senza
questa città si troverebbe esposta a gravissime per-
dite e privazioni, tanto è una e indivisibile l'Italia.
— Ma di conciliazione il Ministero non voleva sentire parola: Livorno era una città ribelle, per la
quale ogni senso di pietà diveniva delitto; e poichè
non aveva potuto ridursi al dovere con la forza, per
una infernale compiacenza il ministero così adope-
ravasi, che l'anarchia la rodesse e la consumasse.
— Le parole del Montanelli addita, do ai ministri
un nuovo ordine di mezzi, con l'uso de' quali la
pacificazione sarebbesi agevolmente conseguita, ebbero il plauso del Parlamento, e que'medesimi deputati, che poc'anzi eransi mostrati pedissequi del
Ministero, cominciarono a dubitare, potersi fare più
e meglio di quello non fosse stato fatto per lo avanti,
e ad unanimità fu approvato un *Ordine del giorno*,
che implicitamente conteneva un biasimo per l'operato

ministeriale, snbitochè ingiungeva apertamente ai
ministri di usare la via della conciliazione, « acco-
« gliendo ogni conveniente modo, che Livorno offris-
« se al Governo per ristabilire le officiali comu-
« nicazioni, che aveva dovuto interrompere con
« quella città ».(Vedi Gazz. di Firenze sopraccitata )
    Se le parole del Montanelli doverono esercitare
una benefica influenza nel Parlamento, molto più la
esercitarono sull'animo de' Livornesi, ne'quali, se ne
eccettui un picciolissimo numero acceso da idee re-
pubblicane, sorte dalla disfatta di Lombardia, e venute intempestivamente ad aumentare le difficoltà del
momento, era fermo il concetto di rimanere nella
obbedienza del granduca e di appagarsi della lar-
gita costituzione lealmente applicata. Ma in quella
confusione di cose nè ordine, nè tranquillità potevano essere ristabilite in Livorno, se il Governo di
lei non fosse stato affidato a persona accetta alla
universalità dei cittadini, i quali più deferissero al
prestigio ed all'autorità dell'uomo, che non alla
sanzione delle leggi poco osservate, come accade
presso tutti i popoli, ne'periodi rivoluzionarii. Il ministero, assuefatto alla scuola dell'assolutismo tranne
il venerando Gino Capponi, non intendeva questo
bisogno di andare ai versi della popolazione livornese, e, quasi crescesse ne'ministri l'arroganza quanto più stremavansi le forze, delle quali disponevano,
scioccamente facevasi provocatore delle ire popolari,
inviando nella tumultuante città per tenerne il Governo civile, un cav. Ferdinando Tartini, ed un Au-

gusto Ducboquè, rispettabili ed onorati cittadini, se
vuoi, ma inettissimi in que'momenti difficili, i quali
mettevano a dura prova le più celebrate riputazioni.
Ed il rifiuto appunto dei Livornesi a ricevere per
loro moderatori i nominati individui era il motivo,
che aveva condotto il ministero al mal passo di
rompere le comunicazioni officiali con la città. La
situazione era ardua per ambidue; pel governo, cioè,
e per Livorno: per l'uno, perchè in tanta penuria
di mezzi coercitivi per ricondurre al dovere la città,
questa doveva parergli come perduta, e ciò non consentivano la maestà del principe e l'interesse di Toscana, anzi d'Italia tutta: per l'altra, perchè non potendo
fare a meno di vivere nella famiglia toscana, non l'era
concesso di continuare in un sistema, il' quale non
solo era politicamente nocivo in tanta gravità delle
patrie sorti ma turbava quella tranquillità, ch'è la
prima condizione de'prosperi commerci.

Le parole del prof. Montanelli aprivano una via
onorevole al Ministero ed al popolo di uscire di
questo stato gravoso, conciossiachè, mentre si concedeva al popolo un certo diritto di trattative col
governo, questo poteva senza suo disdoro scendere
a patti, obbligandovelo il voto del parlamento.

Uno de'più ardenti desiderii de'livornesi era di
veder deputato a governare la città uomo degno della loro fiducia, e su questo voto non vi era
stato modo d'intendersi tra popolo e ministero.
Frattanto dopo il 2 settembre, giorno infausto, come
vedemmo, alle armi granducali, il governo della città

era per un tacito consenso passato nelle mani di
Francesco Domenico Guerrazzi, la cui autorità aveva
salvato Livorno da gravissimi mali. Sebbene anco
tra'suoi concittadini non mancassero emuli al Guerrazzi, nondimeno tanto grande era la superiorità
della mente di lui, che ognuno cedevagli di preferenza il passo, celando nell'animo l'astio ed il li-
vore. — E qui siaci permessa una digressione.

È stato accusato il Guerrazzi, ed anche og-
gidì lo è da suoi antichi e nuovi antagonisti, come
uomo di troppo sentito individualismo, ossia come
quegli che ha troppa coscienza di sè. Non essendo
questo il luogo di occuparci partitamente di un
personaggio tanto importante, ci limiteremo a dire,
che comunque la modestia sia il più bel pregio
dell'uomo grande, per mente e per cuore, nondimeno, se essa modestia fosse spinta a sì alto grado
da non rivelare a costui il proprio merito; ei o
non sarebbe altrimenti un uomo grande, o sarebbe
un ipocrita nauseante. E come sovente una forza
fisica prodigiosa, od un ardimento eccessivo fanno,
che l'uomo bravi i pericoli ed affronti diseguali
combattimenti, così una mente privilegiata è condotta a concedere ai propri pensieri o trovati una
stima, la quale talvolta potrà sembrare vanagloria
di sè stesso. La quale caratteristica (o difetto, se
vuolsi) è propria di tutti gli uomini grandi. Così
Cesare a rassicurare il pilota spaventato per lo
infuriare della tempesta, esclamava: *Caesarem vehis !*
Così Napoleone agli artiglieri affannosi, perchè ei

48

troppo si esponesse al bersaglio nemico, diceva:
*La palla, che mi deve uccidere , non è ancora
fusa!* La troppa fiducia di sè stesso è stomache-
vole nei pimmei: è scusabile negli uomini veramente
grandi, i quali non possono essere diffamati se non
per effetto di una codarda e vituperevole invidia.

Se si fosse voluto ascoltare lo universale desiderio dei Livornesi, nessuno, tranne il Guerrazzi,
non avrebbe potuto essere assunto all' ufficio di
Governatore di Livorno. La nomina del Guerrazzi
sarebbe stata pel Governo, atto di prudenza politica; pel popolo livornese, soddisfazione ed appagamento del voto comune; pel Guerrazzi, meritata ri-
compensa di un lungo e fruttuoso servizio della
causa nazionale, da molti anni con immortali
scritti propugnata, e soprattutto dei meriti recenti
acquistatisi nel governo di fatto, ch' esercitò nella
sua terra natale. — Ma troppo cieco era l'astio
degli avversari suoi, perchè si adottasse un sì op-
portuno partito: e l'avvocato Fabbri, che di quei
giorni era accettissimo al popolo, come quegli che
delle primarie famiglie livornesi essendo, era pure
stato dei primi a correre con gli altri volontari in
Lombardia, segretamente astioso del suo gran concit-
tadino, si trovò concorde col ministero (aizzato da
uno stuolo di uomini politici avversi al Guerrazzi)
nello escludere questo personaggio dall' ufficio di
governatore, il quale fu affidato al professore Montanelli.

Ma i tempi troppo erano mutati da quelli,
che preceduto avevano l'epoca delle riforme, e

segnato i primi passi del risorgimento italiano. Negli antichi tempi abbondanti risorse patrimoniali accoppiate ad una squisita educazione bastavano, perchè anco una mediocre capacità tenesse con sodisfazione de'governati un pubblico importante ufficio qual si era quello di governatore: una raffinata educazione ed una munificenza principesca avevano reso accetto ai livornesi il governo del marchese di Laiatico; dopo il quale ,per le condizioni sopraccennate, tutti gli altri fecero mala prova nel medesimo ufficio. — Il Montanelli non sarebbe stato più fortunato dei suoi predecessori, se non avesse immaginato un concetto, che appagasse il vuoto e l'aridità creati ne'cuori dai disastri nazionali. Negli antichi tempi la materia prevaleva allo spirito, ed una splendida festa; briose conversazioni in sale dorate; una visita agli spedali; elemosine e sussidii offerti col seducente garbo dell'amorevolezza, erano mezzi acconci a procacciarsi il favore universale; ma nel 1848 lo spirito prese la rivincita sulla materia, e le menti non si soddisfacevano, se non nei concetti e, nelle aspirazioni nazionali, fossero pure indefinite, incerte, contradicenti eziandio tra sè In quei tempi adunque un uomo non era nulla: il principio, ch'ei rappresentava, era tutto: *cieco odio*; *cieco furore*; *cieco fanatismo*; *cieca invidia*; *cieca impotenza*; piaghe tutte che rodevano le midolle della società. Chi si fosse presentato a curarle con uno espediente, chè per la sua nuovità ispirasse fiducia, sarebbe stato riverito come un Messia.

4

I rovesci delle armi italiane; la prima guerra
della indipendenza ruinata; i lutti nazionali per la
baldanza dai partiti estremi; le loro cause, i loro
effetti furono da noi superiormente accennati: inutile sarebbe adunque ripetere cose già dette. Fallito il concetto della lega politica senza speranza
di poterlo riassumere, due soli partiti rimane-
vano: o rassegnarsi, a modo degli stoici, al trionfo
della schiavitù nazionale, od apporsi ad un altro
mezzo, che potesse ristabilire le sorti della patria.—
Il Prof. Montanelli imaginò allora il concetto di
un'assemblea costituente, la quale, consacrando il
principio della sovranità nazionale, e col potere sovrano, di cui doveva essere investita, dettasse i
mezzi necessarii a riassumere la guerra della Indipendenza; e dipoi a guerra finita, presupponendosi
il trionfo delle armi italiane, decretasse il più con-
facente assetto dell'Italia redenta. Così, imaginava
il Montanelli, avrà fine ogni dissenso tra'governi;
ogni discrepanza di vedute; ogni dissidio nell'uso
de'mezzi necessarii ad imprimere un nuovo e più
efficace impulso al movimento nazionale fermatosi
per la capitolazione di Milano. I Governi, accettando
il principio della Costituente, non potranno per la
varietà e diseguaglianza di vedute e di azione pre-
giudicare alla causa nazionale: i popoli non potranno di proprio arbitrio innalzare una bandiera;
proclamare un principio; attraversare con movimenti
incauti ed inopportuni gli atti de'governi, perchè
sopra ai popoli, sopra ai circoli, sopra alla adunanza

popolari più o meno legali esisterà l'autorità so-
vrana della costituente, i cui Decreti si converti-
ranno in oracoli. Di più, col principio della Costituente si sederanno le differenze ed i rancori de'varii principi italiani: non sarà più a temersi dal re
di Napoli, dal Papa e dal granduca di Toscana,
che Carlo Alberto volga i benefizi della guerra
ad avvantaggiamento degl'interessi dinastici; imperocchè ogni attribuzione di territorio nazionale sarà
interdetta ogniqualvolta alla sola Costituente spet-
ta il diritto di pronunziare sull'ordinamento definitivo dell'Italia non appena gli stranieri l'avran-
no per forza delle armi collegate sgombrata: il
concorso, che ogni principe italianò avesse preso
alla liberazione d'Italia, sarebbe stata la misura
della riconoscenza nazionale, di cui la Costituente
doveva essere il giudice supremo ed inappellabile —
Tale era il concetto di Montanelli, astrattamente
bello e sublime, il quale poteva trovare nel con-
creto una sola difficoltà, cioè il rifiuto dei varii
governi, d'Italia ad aderirvi. Ma picciola, epperò
vincibile, difficoltà pareva questa, conciossiachè,
quando il Montanelli si fe' a bandire la Costituente,
in Piemonte ed a Roma ne incominciava la idea a
divenire popolare, e di Costituente avevano già par-
lato il conte Terenzio Mamiani e Vincenzo Gioberti.
Che se i varii sistemi variavano tra sè, nondimeno
l'idea primigenia era una, e quando su questa gli
animi erano concordi, non era arduo assunto la
conciliazione tra i diversi promotori, caldissimi tutti

dello amore della patria. Il solo re di Napoli, il
quale aveva rifiutato sdegnosamente di stringere la
lega offertagli da Carlo Alberto, quando il suo astro
già impallidiva, presentava l'ostacolo più forte: ma
considerato, che il· regno era nella soggezione di
Ferdinando mal fermo; che della Sicilia ribellata
soltanto Messina con grave perdita di soldati e con
disapprovazione di Europa avea ricondotto nella sua
signoria; che in Italia il nome suo era aborrito;
non era stranezza il credere, che anco a Ferdinando
non dovesse parer vero di accettare un principio,
il quale avrebbelo liberato da tante angustie ed
incertezze, ed avrebbegli offerto il modo di riabi-
litarsi nella opinione nazionale, e di rassodare così
la pericolante dinastia. I quali rilievi tutti abbiam
riputato conveniente passare in rassegna, perchè si·
conosca quanta parte di probabilità avesse il concetto montanelliano in quei tempi: il quale, perchè fallito senza colpa del suo inventore, è oggi
vituperato da certuni, che pur l'applaudivano ed a
perdigola bociavano: *Evviva la Costituente! Evviva
Montanelli!* Che se il giudicare i casi successi ed i
varii espedienti fosse rimedio degli errori commessi, noi
crediamo, che i principi italiani balzati dai loro troni,
se meditassero sul passato, debbano sentirsi il cuore
angosciato per non avere accolto un principio, che
avrebbe loro conservato la corona e l'onore!

Tal fu la bandiera politica, all'ombra della
quale il Montanelli decise d'inaugurare il suo governo
in Livorno. Per altro, sì come la Costituente era un

concetto politico rivoluzionario capace di accrescere
la confusione e le difficoltà de' tempi, quando dal
Principe non fosse stato approvato, Montanelli, da
quell' uomo leale che tutti conoscono, svelò l' animo
suo ai ministri, ed al Granduca, e dell' approvazione
del principio della Costituente fece condizione sostanziale all' accettazione dell' offertogli ufficio di
governatore.

Dopo lunghe conferenze avute coi Ministri e col
Principe, il quale volle essere chiarito più e più
volte della importanza della Costituente (e sì lo
volle, che dalla bocca medesima del Montanelli a-
vutane la definizione, la trascrisse di proprio pugno
per averla presente); al nuovo governator di Livorno fu data facoltà di bandire il principio, da cui
speravasi sarebbe per derivare argomento di concordia e di quiete, supremi bisogni di una società
civile, ma particolarmente poi di Toscana e d' Italia, assediate da tanti nemici.

E, o si fossero la fiducia ispirata da un sì inclito
uomo, quale il Montanelli era, o la nuovità del concetto, parve fin dalle prime spiegarsi una magica influenza sulle rumoreggianti popolazioni, ed una nuova
era di tranquillità aprirsi col governo del Montanelli
n Livorno.

Se non che sarebbe stato inutile, che un governatore di città si fosse fatto a bandire la necessità della Costituente, se il Governo, da cui n'era
stata consentita l' idea generica, non avesse posto
mano a tradurla nel dominio de' fatti, al quale as-

sunto mancavano per fermo o la perizia od il buon
volere del Ministero: dondè si conobbe la convenienza della composizione di un nuovo gabinetto
più intelligente ed operoso, pel quale le vacillanti
interne ed esterne condizioni della Toscana si ristorassero.

E a Dio fosse piaciuto, che quanto era da tutti
concordato il bisogno di un buon ministero, altrettanto da tutti si fosse conosciuta la importanza di
chiamarvi uomini appartenenti alle varie opinioni
liberali, promovendo e suggellando così una conciliazione, la quale avrebbe avuto il merito di salvare
la libertà interna, e reintegrato avrebbe altresì le
sorti pericolanti d'Italia intiera. — Ma i partiti
creati in Toscana dalla tristizia de' tempi erano e-
goisti; e massime lo era quello, che si chiamò de'*moderati*, perchè sembrava discostarsi da coloro, che
erano di più accesi propositi, sebbene in realtà non
ne differissero, tranne per la eviratezza dei concetti e
soprattutto per la debolezza dell'animo. Il partito dei
*moderati* (useremo per ora il linguaggio di que'tempi)
componevasi della più eminente aristocrazia antica, rappresentata da' Ridolfi, da' Ricasoli, dai
Capponi, da' Corsini: dell'aristocrazia recente
de' banchieri; e di un certo stuolo di uomini emi-
nenti, che appartenevano, come il Salvagnoli, al-
l'aristocrazia dell'ingegno, i quali avevano fatta
causa comune col partito aristocratico. Il contegno
poi degli uomini della fazione moderata contradi-
ceva singolarmente al nome ed alle simulate pro-

fessioni di fede di costoro, conciossiachè ei fossero
così cupidi del potere, smaniosi di preminenza, intol-
leranti di opposizione, che avrebbero a qualunque
più trista sorte lasciato andare incontro la patria,
di quello che stendere la mano a' loro avversarii
politici, nè consentito a dividere con altri il pubblico maestrato, parendo loro l'uso delle vie concilia-
tive una confessione di debolezza e d' incapacità. Gli
avversari de' *moderati* si distinsero col nome proprio di *democratici*; e se non erano men cupidi di
primeggiare, erano ispirati da sentimenti di transazione e di condiscendenza, parendo, che dal reciproco connubio le sorti della patria dovessero av-
vantaggiarsene. I *democratici* riverivano loro principe il Guerrazzi, e ben lo potevano sì, come quegli che lo era di fatto e per la non dubbia superiorità della mente; e pel magistero che esercitava
sulle moltitudini. Al Guerrazzi dovè accostarsi il
Montanelli per necessità de' tempi e per la quasi
uniformità di principii; onde 'ambidue questi personaggi divennero i moderatori della parte democratica, che numerosa, indisciplinata, audace rappresentava per altro il nervo del popolo.

Tali essendo le condizioni dei partiti in Toscana, il pubblico bene comandava, che, deposte le
gare personali, moderati e democratici si dessero
la mano, e si riunissero in un unico concetto: *salvare la indipendenza, salvare la libertà*: al quale
compito avrebbe certamente sopperito un ministero
composto degli uomini eccellenti per ingegno e per

maschile vigore così dell' uno come dell' altro 'partito. Ma (dura verità, di cui ogni onesto cittadino
memore delle passate cose è testimone) i *moderati*
furono inflessibili nel loro odio ; e pur riconoscendo
il bisogno di un buon ministero, la libidine così gli
acciecava da riputare, che si potesse reggere con lo
*esclusivismo* la Toscana bastantemente sovvertita.
quindi usando artificiosamente in corte riescirono a fare
accettare un ministero composto di Massimo d'Azeglio ;
di Vincenzo Salvagnoli ; di Bettino Ricasoli e di altri,
de'quali non giova all'assunto nostro ripetere i nomi.
La quale nuovità, sebbene non avesse autentica certezza, divulgatasi per la Toscana mise a rumore la democrazia già sollevatasi a maggiori speranze: Livorno particolarmente ebbe ad andarne sossopra: aizzava le ire
abbastanza concitabili delle moltitudini la incorreg-
gibilità e intemperanza de' *moderati* ; e sorgeva da un
capo all' altro della Toscana una protesta unanime di
non volere al novello ministero prestare obbedienza ; per le quali dimostrazioni il principe (cui forse
in cuore non piacevano i nomi de' ministri, avuti
in fama di essere più teneri di Carlo Alberto che
della sua dinastia) rivocò il consenso per la formazione di quel ministero di *moderati*, ed affidò la
incombenza di proporne uno nuovo al prof. Montanelli: il quale avrebbe voluto, che la formazione del gabinetto fosse mezzo di riconciliazione
tra i partiti liberali, da ognuno dei quali si dovessero scegliere i futuri ministri. Ma i *moderati* erano
divenuti così furibondi ed arrabbiati da preferir la

guerra civile all'alleanza offerta dal Montanelli: nè il principe, ch'essi facevano sembiante di riverire, anzi d'idolatrare; nè la quiete interna della Toscana con universale preghiera reclamata; nè la libertà, che si riduceva ad un nome vano per il giornaliero urto delle opinioni; nè la Lombardia angariata ed oppressa, che reclamava soccorso dalla rimanente Italia, nè poteva ottenerlo, se la concordia tra i diversi ordini di cittadini non si fosse ristabilita, nulla non fu capace a domare le ire infiammate dei *moderati.* Gino Capponi, cui era stata fatta con affettuose e riverenti parole l'offerta di presiedere il nuovo gabinetto, rifiutò, o perchè avesse sposato il sistema de' *moderati,* o perchè pel cattivo successo del precedente ministero, per l'avanzata età, per la debilitata salute si fosse infastidito del potere. Onde il Montanelli, vedutosi contraccambiare i suoi modi cortesi e conciliativi con tanta arrovellata arroganza, dovè scegliere i nuovi ministri nelle file della democrazia; ed ai 27 di ottobre la Toscana salutò il nuovo ministero, che prese il triplo nome di Ministero *Montanelli, Guerrazzi e Mazzoni* dai tre più illustri membri che lo componevano: ed il Montanelli, fedele alla sua promessa e fermo nelle sue convinzioni, proclamò, la *Costituente* essere il programma politico del ministero da lui presieduto per quel che concerneva l'ordinamento delle cose italiane; ed un relativo progetto di legge richiamò fin da primi giorni della loro convocazione la sollecitudine delle Assemblee legislative.

Dopo un così lungo filo di storia ci sarà permesso di rientrare nel campo apologetico testè abbandonato; e dimandare ai dènigratori e ai vituperatori, usi a riverire la fortuna ed il potere in qualunque mano si trovino, con qual fronte oggi ei osino affermare, che la Costituente fu una delle cagioni, le quali provocarono la invasione austriaca in Toscana? Il Montanelli, presidente di un gabinetto sotto il regime della Costituzione, non aveva balìa di fare leggi, o decretare provvedimenti di tanta politica importanza senza il consentimento delle Assemblee. Il progetto di costituente, proclamato durante il governatorato di Livorno, formava, è vero, il programma politico del Ministero; ma non vincolava la nazione, e non ne determinava le sorti, senzachè il voto del parlamento gli avesse dato sanzione: finchè questo voto non fosse stato emesso, i concetto della Costituente, come di altro qualsivoglia politico trovato, non esciva dei confini di un'aspirazione individuale; e comunque grandi fossero il prestigio, la riverenza, la popolarità del personaggio, che si faceva a promuoverla, le Assemblee legislative avrebbero passato sopra qualunque considerazione personale, attingendo nella propria coscienza le ragioni, che consigliato avessero l'accettazione od il rifiuto del proposto temperamento.

Ora, se la Costituente del Montanelli conteneva tanto certa rovina della patria, com'oggi si predica, perchè il Consiglio Generale in gran parte composto di avversarii implacabili del nuovo gabinetto; per-

chè il Senato, corpo eminentemente conservatore e
indipendente dal potere esecutivo; perchè infine la
libera stampa non alzarono un grido di orrore, se-
gnalando il trovato montanelliano causa d'irreparabile
infortunio nazionale, che infortunio irreparabile era
davvero una invasione austriaca?

La umana abiezione può, è vero, offrire i suoi
incensi a chi si trova in sedia curule; può in segno di superstiziosa ammirazione curvare il ginoc-
chio. innanzi ad uomini, e, come il barbaro Gallo,
riputarli Dei o Semidei; può ispirarsi alla lode ed
al biasimo, consultando il barometro, che segna la
prospera e l'avversa fortuna degli uomini politici:
ma, i fatti e le parole registrati nella storia non si
cancellano; e la storia è la Dea Nemesi di questi
esseri fetidi e nauseanti.

Or dunque, perchè vuolsi, si aprano i diarii
de'tempi, e vedasi, ciò che dalle assemblee e dalla
stampa non ministeriale di quel tempo si disse intorno alla Costituente del Montanelli.

Il Deputato GIUSEPPE PANATTONI relatore
della Commissione incaricata di studiare il progetto
di legge della Costituente diceva: « L'animo no-
« stro gioiva all'idea di potere finalmente attuare
« con apposita legge l'Assemblea Costituente Ita-
« liana; comecchè divenuta oramai necessità supre-
« ma dei tempi e voto pressante dei popoli. . (1)

---

(1) Seduta del Consiglio Generale de'23 Gennaio 1849. Monitore Toscano de'25 GennaioN. 23.

Il Deputato LEOPOLDO GALEOTTI, pren-
dendo parte principale alla discussione, così ragio-
nava : « *Un progetto qualunque, il quale desse una*
« *volta personalità giuridica e distinta alla na-*
« *zionalità italiana, come tutte le altre nazioni*
« *hanno, e come noi abbiam diritto al pari di*
« *tutte le nazioni di darci, questo progetto fu già*
« *gran tempo nel desiderio di tutti gl'Italiani:*
« *questo progetto si tentò nei tempi più recenti*
« *di conseguire prima mediante una lega doganale;*
« *poi mediante una lega politica; poi mediante*
« *una federazione di stati, perchè a misura, che*
« *incalzavano gli eventi, si facevano più grandi i*
« *d esiderii di tutti. E ciò era naturale; fu final-*
« *mente proferita la parola Costituente. Riassu-*
« *meva questa l'universalità del concetto; lo espo-*
« *neva alla pura luce del sole nella pienezza del*
« *suo splendore* FURONO CONCORDI TUTTI
« GL'ITALIANI SULLA IDEA GENERALE (1)».

Aderiva alla Costituente il deputato GIORGIO
MANGANARO, tostochè esclamava: « *Aderisco*
« *alla Costituente Italiana, perchè spero da lei la in-*
« *indipendenza della mia patria; perchè ho fede, fer-*
« *missima fede, che DA LEI SOLA DEBBA SOR-*
« *TIRE L' IO NAZIONALE, ch' è il sogno di tutte*
« *le notti; il desiderio ardentissimo di tutti i veri e*
« *buoni italiani* (2).»

---

(1) V. *Monitore Toscano sopracitato.*
(2) V. *Come sopra.*

Vi aderiva a nome de'suoi amici politici e si sa chi fossero) il deputato RAFFAELE LAMBRUSCHINI, il quale diceva volere « *lealmente aver parte ad una* « *legge, che proclami la indipendenza e la costituzio-* « *ne nazionale, e che prepari i deputati per la grande* « *assemblea nazionale. Noi vi arrechiamo la nostra* « *cooperazione leale . . . Nessuno di noi voterebbe* « *mai contro la legge* (1) .»

Nel Senato poi la cosa andò anche più piana, conciossiachè, avendo una commissione formata di Niccolò Lami; Silvestro Centofanti; Pietro Capei; Maurizio Bufalini; Vincenzio Bani proposto l'approvazione della legge con relazione intieramente appoggiata ai motivi del progetto ministeriale, il Senato l'approvò alla unanimità senza discussione.

È la stampa indipendente sempre sollecita nel segnalare il pericolo della Patria, procedeva forse con diverso tenore?

È merito del lavoro vederne alcuni frammenti, i quali non torremo da' giornali decisamente democratici, ma dal successore della *Patria*, val quanto dire dal giornale IL NAZIONALE, di cui era *Proprietario, Direttore Politico e Responsabile* il Sig. CELESTINO BIANCHI, autorità non sospetta, almeno oggi, ch'è il SEGRETARIO GENERALE del Governo della Toscana presieduto e composto da

_____

(1) V. *Monitore Toscano dei 25 Gennaio 1849. N. 23 secondo.*

62

que' medesimi uomini, che formarono l' esercito dei
moderati nel 1849.

Il sig. Celestino Bianchi ci diceva un giorno,
che la gravità delle condizioni d'Italia rendeva necessaria la creazione « *di un potere centrale, che rap-*
« *presenti l' Italia una, e come delle forze di lei*
« *sovranamente disponga. Noi affrettiamo coi voti*
« *l' effettuazione di questo concetto, ch' è l' unica*
« *àncora di salvezza, che nelle difficoltà presenti*
« *ci rimanga.* (1)

Un altro giorno « *salutava con gioia nell'ade-*
« *sione del Piemonte la certezza della prossima*
« *attuazione di una Sovranità Nazionale, che*
« *sarà come un criterio fra le scissure dei par-*
« *titi, una legge incontrastabile fra tutte le pro-*
« *messe; una forza invincibile a tutte le resi-*
« *stenze; che provvegga alla difesa, alla integrità*
« *ed alla' dignità verso l' estero di tutta la Na-*
« *zione italiana; sia moderatrice delle relazioni*
« *degli Stati d' Italia fra loro; promova l' assi-*
« *milazione e l' omogeneità nelle leggi e nelle*
« *istituzioni de' varii paesi italiani, tolga gli*
« *ostacoli, che si frappongono alla libera commu-*
« *nicazione degli uomini, delle cose e delle idee*
« *fra l' una e l' altra parte d' Italia; abbia una*
« *sola nazionale diplomazia, un esercito ed una*
« *marina nazionale (2)* ».

_____

(1) Vedi *Nazionale* de' 18 Diccembre 1848,
Num. 18, pag. 68.

(2) V. Idem de'21 Dic. 1848, N. 21, p. 79.

Ed ancora un' altra volta compiacevasi perchè « l' idea nazionale ha già trovato un simbolo,
« che la rappresenti e la concreti: la Costituente
« uscita « dagli Stati e dai Popoli italiani darà
« all' Italia l' Unità, che sola le è presentemente
« concessa dalla natura delle cose, dall' indole
« degli uomini e dalle storiche tradizioni ; e pre-
« parerà gli animi e piegherà le condizioni al-
« l' unità assoluta, se questa mai le fia un giorno
« possibile. » (1)

Dopo tutto questo noi ci appelliamo al giudizio delle coscienze oneste, le quali non potranno
esimersi dal decidere :

O che è falso, avere la Costituente del Montanelli provocato la invasione degli Austriaci in
Toscana ; epperò calunniose sono le presenti diffamazioni del suo nome;

O che dell' aberrazione di lui (scusabile in un
individuo) sono solidali tutti i membri del Consiglio Generale Toscano e del Senato; epperò com-
plici della austriaca invasione i Panattoni, i Corsini, i Tabarrini, i Galeotti, i Salvagnoli, i Ricasoli,
i Bufalini, i Serristori, i Ridolfi, i Lambruschini, i
Centofanti, i Capei e tutti quei più, i nomi dei
quali sono registrati sull' Albo dei Deputati e dei
Senatori di quell' epoca.

Torniamo ora al nostro racconto storico.

_____

(1) Vedi *Nazionale* de' 10 Gennaio, 1849,
Num. 41, pag. 147.

Il nuovo ministero fin dal suo insediamento si
trovò circondato da una serie infinita di ostacoli,
varii di natura e gravità: conciossiachè contro di
lui si schierassero nemici i *moderati* e la fazione
*retriva*, mirabilmente accordatisi a cospirare, sebbene con fini diversi; furenti i primi pel comando
da lunga pezza agognato e non conseguito: irosi i
retrivi, perchè nulla più non desideravano, tranne
il ristoramento del governo assoluto con presidio
austriaco. Tanto, è vero, che non è dei soli partiti
estremi darsi la mano, come gli *esclusivi* vanno
ogni giorno a coro cantando! Nè solo ostili chiarì-
vansi i *moderati*, ma sleali nelle loro inimicizie,
perchè lungi dal discendere nella palestra parlamentare, e con compatta e tenace opposizione costrin-
gere il nuovo ministero a rassegnare l'ufficio, prefe-
rivano i mezzi delle conventicole e delle cospirazioni, sommovendo contro i ministri e le loro autorità le popolazioni delle campagne, presso le quali
gli aristocratici godevano credito ed influenza. E
dove per un pretesto, dove per un altro scoppiar
si vedevano reazioni interne, le quali travalicavano
eziandio il programma de'*moderati*, essendosi in più
luoghi udito gridare non pure *Viva Leopoldo*, ma
*Viva* altresì gli *Austriaci*: il che tanta inaudita infamia era da doverne i *moderati* medesimi (se ombra di coscienza avevano) inorridere, e prenderne
argomento, che in tanta gravità di casi la carità
della patria ed il mantenimento della libertà e delle
concesse franchigie comandavano a'partiti liberali di

deporre le ire e darsi la mano per opporre un argine a chi voleva la ristorazione di un'odioso passato: ma la ragionè ed ogni patrio sentimento erano sopraffatti dall'odio; e per un seggio ministeriale poco caleva, che Toscana ed Italia si perdessero.

La democrazia poi accresceva dal canto suó le difficoltà ai ministri, perchè la indisciplina, la quale sembra essere una caratteristica di lei, erasi aumentata pel trionfo riportato e per lo esaltamento al potere degli uomini, che le appartenevano. I circoli politici si erano tramutati quasi in altrettanti parlamenti i quali talvolta si arrogavano un imperio sul governo e sulle assemblee; e sebbene il magistero esercitato su quelle congreghe, comé sulle moltitudini, da'ministri valesse ad acquietare i moti indisciplinati dalla democrazia, nondimeno distoglievano sovente l'attenzione e l'assiduità dalle gravi faccende dello stato barcollante in ogni sua parte. Oltrechè il peggiore effetto della ingerenza democratica consisteva nello avvalorare la voce, artificiosamente messa fuori da'cospiratori *moderati* e *retrivi*, che in Toscana non vi fosse più governo di sorta, ma solo la licenza insediata in Palazzo Vecchio dettasse le leggi; non accorgendosi *denigratori*, che queste popolazioni formavano la più irrecusabile loro condanna, venendosi a provare la verità dell'ostile contegno loro verso il governo, il quale con lo schietto e sincero concorso di tutti gli uomini de'varii partiti liberali, avrebbe potuto condurre a salvamento il paese.

5

Il quale, alfine si vide posto alla più dura prova, avendolo il granduca Leopoldo abbandonato a sè stesso il dì 7 Febbraio 1849 con gravissimo pericolo, che l'anarchia, fantasma per lo avanti creato studiosamente dai *moderati*, se ne impadronisse davvero.

Sono noti a tutti i motivi da Leopoldo esposti per rendere ragione della sua fuga maliziosa e inonorata: sarebbe dunque inutil cosa narrargli al lettore. Ma non è scevro d'interesse lo esaminare, per quali suggerimenti fosse mosso il principe ad una determinazione così arrischiata.

Fu creduto generalmente, che la *fazione retriva*, potente in corte, assalisse il granduca dal lato debole, la *coscienza*, nella quale facesse sorgere dei dubbii intorno alla Costituente, massime che dopo i tristi casi di Roma era prevedibile, che dalla Costituente sarebbe escito tra le prime sue deliberazioni lo spogliamento del Pontefice da ogni sovranità temporale. Tal voto, cui necessariamente avrebbero dovuto partecipare i deputati toscani, avrebbe provocato le censure ecclesiastiche, delle quali sarebbe stato colpito il principe, come quegli che aveva accettato un ministero col programma della Costituente: e Leopoldo per andare illeso da' fulmini del Vaticano, avrebbe preferito abbandonare la Toscana, e sarebbe partito senza badare, che per una malintesa religione egli esponeva, se Dio non l'avesse salvata, la Toscana al pericolo gravissimo della guerra civile.

Ma, esaminando bene addentro alla fuga del Granduca, riesce facile conoscervi l' intrigo dei due partiti alleati, il *moderato* ed il *retrivo*. Conciossiachè, se richiamiamo alla memoria, che Leopoldo ondeggiò tra il partito di abbandonare la capitale, e quello di lasciare la Toscana tutta; che pendè incerto, se si ritraeva a Torino od a Gaeta ; che chiese dapprima lo intervento piemontese e poi lo disdisse; ch' era combattuto dalla paura, che in una prossima ripresa delle ostilità il Piemonte rimanendo vincitore, la Toscana si perdesse irreparabilmente per la propria dinastia; e la speranza che, trionfando gli austriaci, egli sarebbe tornato padrone assoluto è facile decidere, ch' egli era subbillato da' *moderati*, che gli gridavano in un orecchio: *Torino, Torino, ed intervento piemontese*; e da' retrivi, che nell'altro orecchio gli sussurravano: *Gaeta, Gaeta, ed intervento austriaco*. Pesate poi le varie probabilità dei casi, il principe credè miglior partito ritirarsi a Gaeta, che a Torino, ed aspettar fiducioso la vittoria dell' esercito imperiale per rientrare in Toscana, la quale avrebbe pagato lo scotto. E certa cosa ella è, che nella scelta di *Gaeta* e *Torino* per luogo di asilo erano due programmi ; due dichiarazioni di principii: *Gaeta* accennava il programma già fatto palese dal re di Napoli ; *spergiurare, cioè, cassando le franchigie costituzionali, ed opprimere con tutto il furore di un governo di reazione. Torino accennava invece l' opposto principio della conservazione di una modesta *libertà*, comunque poi ad un governo riesca facilo assunto ridurla' un nome, vuoto di senso. —

Leopoldo tra i due partiti, tra' due suggerimenti si attenne a quelli, che più ne solleticavano l'indole, e scelse Gaeta. La fazione retrograda, più arguta dei moderati, la vinse su' suoi alleati, i quali rimasero con un palmo di naso. — Nondimeno finchè il Piemonte stava sulle armi di contro all'Austria, un raggio di speranza rimaneva, non potendo la Toscana essere invasa dallo straniero, se prima il Piemonte non avesse saggiata contraria la sorte delle battaglie. — Una imprudenza, anzi una presunzione imperdonabile, doveva recidere questo filo, a cui si attaccavano le speranze d'Italia. Ma non precipitiamo il racconto degli avvenimenti.

Per la fuga del suo principe la macchina governativa crollava: i poteri costituiti cessavano dal loro uficio; il paese rimaneva senza governo. Rendevasi pertanto necessario provvedere senza indugio alla formazione di un' autorità, la quale salvasse la Toscana dai pericoli, ne' quali veniva per l'altrui colpa di repente cacciata.

Ed a tal provvedimento era per discendere il Consiglio Generale, quando alcuni deputati delle moltitudini, le quali convocate a pubblica adunanza sotto le Logge dell'Orgagna avevano gridato un governo provvisorio nelle persone di Guerrazzi, di Mazzoni e Montanelli, irruppero tumultuariamente nel recinto delle Adunanze del Consiglio, e notificarono ai deputati toscani l'atto di sovranità arrogatosi dal popolo; il quale, essendo della sola città di Firenze, non aveva il diritto d'imporre il Governo da esso creato alla rimanente Toscana. Al comparire dei deputati popolari, alcuni membri del Consiglio Generale (ed erano di parte moderata) alzatisi da'loro scanni, bravamente si diedero a precipitosa fuga, aumentando così la confusione e il disordine di quei critici momenti. Il Guerrazzi rampognò i codardi deputati ed il popolo audace, ai primi ripetendo il verso del più gran poeta vivente:

« Infamia eterna a chi non muor seduto ! »
al popolo facendo con forti parole conoscere la inciviltà del contegno, ed esortandolo a sgombrar la sala del Consiglio. Alle rimostranze del ministro cedendo il popolo, tornò nuovamente la calma; a mano a mano i deputati fuggiaschi, de'quali erano andati in cerca il Montanelli con altri dei colleghi rimasti fermi nelle loro sedie, rientrarono nella sala delle adunanze, e ricominciatasi la discussione sotto la vicepresidenza del prof. Ferdinando Zannetti, si terminò con lo approvare alla unanimità la creazione di un Governo provvisorio nelle già nominate persone di Guerrazzi, Mazzoni e Montanelli, ai quali fu data balla di aggregarsi quali e quanti cittadini avessero riputato conveniente per il disimpegno della pubblica bisogna.

Ma chi crederebbe mai, che in tanta gravità di eventi, la operosità degli uomini posti a capo della fazione moderata si spiegasse in ordire cospirazioni e reazioni per la universa Toscana? Eppure

la storia contemporanea ha registrato nell'eterne sue
pagine tanta vergogna! Imperocchè non aveva, per
dir così, il Governo Provvisorio assunto le redini
del paese, che Empoli ardeva di tumulto spinto,
fino alla barbarie, appiccandosi fuoco alla stazione
della strada ferrata, ed a'magazzini destinati al ri-
covero delle carrozze e degli attrezzi necessari a
quell'opera di utile pubblico. A Figline sommovevasi
il popolo, che fu veduto portare a processione la
effigie del fuggiasco granduca, alternandosi gli applausi al suo nome agli applausi all'eterno nemico
d'Italia: in Siena erasi gridato perfino *Viva Ferdinando di Napoli*: qua e là erasi lacerato il vessillo
tricolore: aizzavansi i campagnuoli delle province, per-
suadendo loro, che l'ottimo principe era stato, suo
malgrado condotto alla fuga da'partigiani della Repubblica, i quali avrebbero riserbato all'idolo del
popolo la miseranda fine di Luigi XVI: lui, Leopoldo, essersi distaccato con le lacrime agli occhi dai
toscani lidi; errare misero ed infelice, perchè la barbarie de'suoi nemici gli aveva interdetto perfino le
necessarie provvisioni di denaro, di vestimenta di
biancheria.

Al modesto possidente, cui tutti i rumori dal
1847 erano sopraggiunti nuovi, e che non sapeva
capacitarsi intorno a' motivi, che avessero spinto le
popolazioni per lo innanzi tranquille ad agitarsi a quel
modo, i cospiratori mettevano avanti lo spauracchio
del *comunismo* — *Vedete*, dicevano, *i sommovitori
delle plebi, sono gente che vuol pescare nel torbido*. ·

*È un accozzaglia di forestieri venuti da ogni lido*
*d' Italia, novelli giacobini e* sans-culotes, *invidiano*
*le ricchezze altrui; le quali presto per una nuova*
*legge agraria saranno distribuite tra quegli affa-*
*mati*: solita ripetizione di vecchie calunnie, con
le quali i partiti retrogradi e moderati minavano
la repubblica in Francia, non accorgendosi, che la-
voravano per altrui prò. Ma in Toscana l'edificanti
lezioni, con le quali si agitavano le campagne, riu-
scivano a questo singolare effetto, che mentre si ri-
bellavano dal Governo Provvisorio, manomettevano le
facoltà dello Stato e del Principe medesimo, gli
agenti del quale furono più di una volta costretti a
chiedere tutela al Governo, come accadde nei tumulti della Val di Chiana, dove sotto pretesto politico derubavansi le pubbliche, le regie, le private
proprietà sì, che la cosa degenerando in un vero
ladroneggio, il governo fu costretto a mandarvi una
ragguardevole spedizione militare di fanteria, di
cavalleria e di artiglieria, con alla testa un Commissario Straordinario nella persona di Leonardo
Romanelli Ministro della Giustizia, chiarissimo uomo
per la integrità e pe' patriottici proposti.

E mentre la Toscana per siffatte cospirazioni
andava sossopra, i cospiratori ipocritamente prover-
biavano il governo, perchè non mantenesse la quiete,
non facesse rispettare i diritti di proprietà; non pre-
parasse armi per la guerra della Indipendenza!

La democrazia poi, unico appoggio del governo,
facevagli sovente pagar cara la sua assistenza, per-

chè la indisciplinatezza aveva rotto ogni confine. I
circoli avrebbero ambito ad essere il potere legislativo; ossia a mettersi al di sopra del governo
medesimo. Ne' Circoli si proponevano progetti di
ogni maniera; si discutevano come in Assemblee
costituenti; si votavano e si riducevano a legge,
sovente con parole imperiose se ne comandava
al governo la esecuzione. I circoli prendevano cognizione di qualunque cosa; proponevano individui
perchè fossero collocati in ufficio, altri perchè fossero destituiti. Si nominavano commissari, perchè si
recassero in provincia esercitandovi ufficio d'ispet-
tori con ingiunzione poi di riferirne al Circolo,
perchè esso sul vario tenore delle relazioni fosse
abilitato a prendere opportuni provvedimenti

Del qual contegno della democrazia, certamente
non laudabile, si facevano arme gl'ipocriti *moderati*
contro il governo, rampognandolo perchè tollerasse
la eccessiva ingerenza delle plebi nella pubblica
amministrazione; che se costoro fossero stati più
leali ed onesti, avrebbero dovuto offrire al Governo il loro concorso, col quale, moderandosi
e bilanciandosi la indisciplina democratica, la Toscana sarebbe forse escita illesa dalle durissime
prove, alle quali per le ire partigiane si trovava
condotta.

E tanto meno il Governo meritava di essere
fatto bersaglio dei gesuitici rinfacci dei *moderati*,
quanto più egli aveva vegliato e vegliava alla loro
incolumità, spesso salvando le loro persone e le case

loro dagli sdegni popolari concitatisi per la viltà del contegno de' cospiratori. Oltrechè il Governo Provvisorio, se tollerò per una dura necessità la indisciplinatezza della democrazia, non consentì ad esser passivo delle soverchierie e delle incompostezze di lei, resistendole a viso aperto ed energicamente; come proverà il fatto seguente, necessario a narrarsi per confutare le calunnie, che oggi si sollevano contro gli uomini del 1849.

Come la fuga di Leopoldo dalla Toscana aveva reso necessaria la creazione di un governo provvisorio, così l' abbandono di Roma per Pio IX aveva obbligato ad eguale provvedimento i Romani. Se non che in Roma le cose non potevano fermarsi alla costituzione di un potere temporaneo, ma era mestieri si spingessero alla creazione di un governo definitivo, il quale si confacesse ai tempi ed ai bisogni dei popoli. Omai era divenuta impossibile una riconciliazione tra i Romani e Pio nono, perchè questi con la fuga a Gaeta; con le censure fulminate contro i suoi sudditi; con le benedizioni accordate a re Ferdinando ed agli sgherri di quel governo, che fu definito da un protestante (sic Guglielmo Gladstone) *negazione* di Dio: con la chiamata alle armi di tutte le potenze cattoliche contro i suoi popoli, avèa mostsrato a chiare note di rinnegare a quei gloriosi principii, che lo resero idolo delle italiche genti.

Nè, per iscusare Pio nono, si dica, che la uccisione di Pellegrino Rossi ed il trionfo della de-

**74**

magogìa lo avevano condotto a tali estremi partiti;
perchè se la uccisione del Rossi era pur sempre.
un atroce misfatto o di un individuo o di un par-
tlto, non sapremmo capacitarci, come a vendicarlo
si dovesse richiedere una ecatombe umana: in tal
caso il mite Pio IX sarebbesi trasformato nel Pe-
lide, che giurò vendicare la morte di Patroclo con lo
esterminio dei Troiani (1). E poi la quistione non

---

(1) Udiamo lo incomparabile Vincenzo Gioberti. « Vano d' altre parte sarebbe il dire, che le
sommosse, le ribellioni, l' attentato verso il Rossi
e la bandita repubblica, essendo altrettante viola-
zioni del patto politico, diedero al papa balìa d'in-
frangerlo. Nè al popolo, che era una delle parti,
dovevansi imputare i torti e gli eccessi di pochi,
nè il fatto può mai spegnere il diritto. Chi ha mai
udito, che la violazione di una legge l' abroghi ?
o che l' ingiuria abolisca la giustizia ? anzi si suol
dire, che la conferma. Che nuova spezie di gius-
pubblico è questo, che, per restituire e risarcire
l' ordine offeso, ci aggiunge nuove prevaricazioni ?
che abilita il principe per correggere i sudditi, a
ripetere aggravate le loro colpe ? e quando esso
principe non è fatto come gli altri, ma tien le veci
di Colui, che fu il modello di ogni virtù e di ogni
perfezione ? forse i ribaldi, che rompono gli statuti
civili, autorizzano chi regge a fare altrettanto ? Per
quanto sieno stati enormi gli eccessi di novembre,
il principato civile continuò a essere il governo
legittimo di Roma, perchè un contratto non si può
sciogliere senza l' assenso formale delle due parti.
E siccome quegli eccessi non furono meno contro

era tra Pio IX, sacerdote che tutti sanno di timorata
ma debole coscienza; di mansueti sentimenti e
delle altre ecclesiastiche virtù adorno (1); ed i Romani più o meno contenti del governo: la lotta era
tra due principii omai per vecchia esperienza conosciuti irriconciliabili tra sè ; il principio cioè della
civiltà, e il dominio temporale, che ha per la bocca

la legge che contro il principe, essi non poterono
derogare allo statuto più che nuocere giuridica-
mente al principato. Or se Pio non ha mai lasciato
di essere vero principe, parimente lo statuto fu
sempre il giure comune. Nè l' introduzione, che
ebbe luogo in appresso degli ordini repubblicani,
fece abile il papa a recedere; sia perchè si può
dubitare, se esprimessero davvero il voto universale,
e perchè furono causati dalla partenza di Pio e
dalla ripulsa di ogni accordo. Quando un sovrano
abbandona la sede del governo, e usando modi
acerbi e inflessibili spinge i sudditi alla dispera-
zione, egli non ha buon garbo a richiamarsi dei
loro eccessi. Lo Statuto fu sospeso dalla fuga del
principe assai prima che dalla repubblica : non potè
essere annullato da questa più che da quella ; e
cessati i due ostacoli dovè riprendere il suo vigore.
Strano sarebbe il punire i delinquenti, imitandoli:
e se il partito può essere utile., non è certo evan-
gelico » (*Rinnovamento Civile d' Italia*. Lib. 1
cap 13).

(1) *Il medesimo Gioberti:*. . . . « In Pio come
uomo e come sacerdote non vi ha che riprendere.
Anzi tutto nel privato è degno di lode: costumi

de' suoi ministri dichiarato, non potere un governo ecclesiastico a'bisogni reclamati dallo incivilimento sodisfare. Le qualità personali del pontefice potevano mitigare l'urto, e procurare un po'di tregua alle lotte; ma il sistema rimaneva saldo nella sua integrità, ed un meno mite pontefice poteva non pure ristorarlo, ma rincararlo con tutte le sue incongruenze ed intolleranze. — Nè poi i benefizi recati da Pio IX a' suoi popoli meritano di esser così laudati, che non debba invece severamente biasimarsi la inopinata diserzione, ch' egli fece. del suo programma. Imperocchè s'. egli fu causa, che la coscienza nazionale si ridestasse nel petto degl'Italiani, fu causa altresì, che per la malaugurata enciclica dell'Aprile 1848 l'Italia da un capo all' altro si sconvolgesse,

_____

innocenti, aspetto venerando ed amabile; contegno grave e irreprensibile; animo benevolo e inclinato alla mansuetudine; coscienza timoratissima; zelo sincero e ardente di Religione; cuore intrepido ai pericoli della persecuzione e del martirio. Egli sarebbe buono e gran principe, se a tal effetto bastasse l'essere pio di fatto come di nome, e se la santità annullasse quella legge di natura, per cui il valere in politica è proporzionato al sapere. Ma nel maneggio degli affari prova assai meglio una virtù mezzana accompagnata da sufficienza, che una virtù eroica, ma imperita; perchè l'accortezza pratica, e non mica la bontà della intenzione fa conoscere gli uomini e le cose loro. » — (*Rinnovamento Civile d'Italia lib. 1. cap. 13*).

avendo il papa fatto sorgere l' urto tra la coscienza
cattolica ed il principio nazionale, chiariti inconci-
liabili da chi poi doveva con lo invocato intervento
contradire ai professati principii: perchè se la condizione di *padre comune dei fedeli* vietava al papa
di partecipare alla guerra italiana contro l'Austria, non
sappiamo poi comprendere, come non gli vietasse
d' invocare le armi di quanti stranieri vi erano
contro Roma e contro i suoi popoli, i quali, quando
pure fossero stati solidali della uccisione del Rossi
e dello assalto del Vaticano, non cessavano di esssre
suoi figli; nè potevano essere dal Papa condan-
nati con tanta ripudia del suo glorioso passato, con
tanto sfregio della civiltà, con tanto danno della religione alla più insopportabile schiavitù. — (1) Trop-

(1) *Odasi questa severissima antitesi del Gio-*
*berti:* « Pio nono è senza alcun dubbio il principe
più singolare. Il suo regno si può distinguere in due
epoche distinte e contrarie; la seconda delle quali
consiste nel distruggere le opere della prima. Come
Clodoveo di Francia, egli brucia ciò che adorava,
e adora ciò che dava alle fiamme; e a guisa di
Penelope disfà nella notte la tela intessuta nei dì
sereni della sua potenza. Per modo che si può dire,
aver egli adunato nel breve corso di questa ogni
sorta di contradizioni politiche e dissonanze. Be-
nedice e consacra l' indipendenza d' Italia, e chiama
nel seno di essa ogni generazione di stranieri e di
barbari. Dà ai suoi popoli un civile statuto, e lo
ritoglie. Biasima i tempi gregoriani, e peggiorati li
rinnovella. Parteggia pei popoli contro le avanie dei

pò adunque sono stati magnificati i benefizi di Pio
IX all'Italia; la quale fu posta da lui nel suo presente cammino senzachè ei ne avesse la coscienza
e la volontà: Pio IX fu un istrumento in mano
della Provvidenza, la quale aveva segnato il termine

---

principi, e si collega coi principi a sterminio dei
popoli. Loda l'insegna patria di Carlo Alberto, e
applaude alla tirannide di Ferdinando. Abbandona e
scaccia i Gesuiti; poi li richiama, e dà loro in pugno il maneggio delle cose sacre e civili. Abbrac-
cia Antonio Rosmini e gli promette la porpora; poi
lo tradisce in mano degli sgherri di Napoli, e lascia
che i suoi libri si censurino, la sua dottrina si ca-
lunni, il suo nome si laceri. Concede al Parmense
e al Borbone napoletano di violare i chiostri illibati;
all'imperatore tedesco di scacciare i preti della carità cristiana; di esautorare, sbandire, incarcerare,
straziare, uccidere il fiore del clero ungherese, non
reo di altro che di avere amata e servita la patria;
e nel tempo stesso inveisce contro i Sovrani dei
Belgi e dei Sardi, perchè con leggi eque e man-
suete aboliscono gli abusi e frenano le prepotenze
dei chierici. Vieta a'suoi figli il combattere a difesa d'Italia gli Austriaci, e invita gli Austriaci a
pugnare contro l'Italia e i suoi figli. Chiama i Francesi a difenderlo, e li ringrazia come liberatori; poi
li prende a sospetto e vorrebbe rimandarli come
nemici. Rende caro e venerato il nome ortodosso
anco agli eretici e agl'infedeli in Europa, in Ame-
rica, in Oriente; e poi lo fa odiare ai cattolici nelle
terre italiane e in Roma medesima. Il suo regno
mirabile e funesto acchiude nel corto giro di u'

al sonno secolare d'Italia : (1) che se di fatto il Papa avesse avuto nello animo di promovere il concetto della nazionalità italiana, egli non meriterebbe scusa di sorta per averlo disertato, conciossiachè nessuna turpitudine non sarebbe stata maggiore di questa, di avere chiamato cioè l'Italia al conseguimento dei suoi destini, e poi di averla consegnata, mani e piedi legati, in balìa dello straniero e dei suoi satelliti, i quali la tiranneggiarono per dieci anni in quel modo infame, di cui tutti siamo stati testimoni : e

olimpiàde ( *Gioberti scriveva nel 1851* ) lo spazio di molti lustri. Nel primo periodo giovò più egli solo a rimettere la fede in onore, e preparare la ribenedizione dei popoli, che non i suoi precessori da tre secoli; laddove nel secondo più valse a partorire l'effetto contrario, che una generazione di eretici e una seguenza di antipapi ». (*Rinnovamento civile d'Italia, Lib. I, Cap. 13*).

(1) « Pio nono ebbe appena un'idea dell'assunto, che intraprendeva : non intravide alcun pericolo : non usò veruna cautela, credendo bonamente, che si sarebbe potuto arrestare al ségno, che avrebbe voluto. Dalle riforme passò allo Statuto senza saper che fossero gli ordini costituzionali, nè conoscere i primi elementi della politica ; il che era un impaccio e una tribolazione non piccola pe'suoi ministri. Pellegrino Rossi fu talvolta presso a disperare di cavarne qualche costrutto; e ad un altro valentuomo non riuscì mai di fargli intendere, che l'Italia fosse una nazione. Così andando innanzi, portato dal voto pubblico anziché dai propri consigli, e vedendo sorgere da ogni lato e moltiplicare

se i ceppi si sono oggi spezzati, il concetto della
liberazione non è venuto dal Vaticano, che aveva
fatto causa comune co'nemici d'Italia.

Del resto le lodi eccessive attribuite a Pio IX
per lo iniziamento delle riforme, e le scuse della
sua fuga a Gaeta furono un artificio dei nemici della
democrazia italiana, sopra la quale la fazione esclusiva
avrebbe voluto rovesciare l'odioso carico e la terri-
bile responsabilità degli avvenimenti del 1849.

Ma qualunque sia il giudizio, che portar si
voglia su i fatti romani del 15 Novembre 1848,
questo è certo, che tra il papa ed i suoi popoli,
non poteva esservi riconciliazione dal momento, che
Pio IX aveva esaurito i fulmini spirituali contro di
loro; e fulmini temporali andava accattando per la
universa Europa. Epperò se un governo temporaneo
era un trovato richiesto dalle necessità del momento,
le condizioni dello stato romano esigevano si prov-
vedesse ad un governo stabile, che non poteva escire
se non da una Costituente, la quale convocatasi mediante suffragio universale a dì 5 di Marzo 1849
proclamò la decadenza del dominio temporale del pa-
pato, ed elesse a forma di governo la Repubblica.

---

i contrasti del ceto clericale, cominciarono a na-
scere nell'animo suo mille dubbi sulla opportunità
dell'opera, che imprendeva; i quali, nudriti arta-
tamente dai tristi, gli posero alla fine in odio le
idee, che aveva proseguite con tanto amore. » (GIO-
BERTI *Rinnovamento Civile d'Italia lib. 1 cap. 13.*)

La cui proclamazione produsse per le altre parti d'Italia una impressione profonda e diversa, giudicando ognuno tanto avvenimento secondo il tenore dei propri principii e delle proprie politiche convinzioni. Certamente al Piemonte monarchico non poteva garbare questo spirito repubblicano, serpeggiante per la Italia, ma è pur necessità confessare, che i tempi non consentivano di far meglio : oltrechè il concetto repubblicano riparò gli errori della monarchia, come a Venezia, che, senza rifugiarsi nella idea repubblicana, avrebbe soggiaciuto per l'armistizio di Milano alla sorte della rimanente Lombardia ; ed appunto come Roma, la quale, se proclamato avesse (cosa impossibile pe'conosciuti scrupoli ed incertezze di re Carlo Alberto, e per la troppa paura ch'egli provava ad afferrare la bandiera della rivoluzione) la sua adesione alla monarchia piemontese, dopo Novara sarebbe stata resa senza ostacolo nessuno al governo sacerdotale. Roma adunque proclamando la repubblica, più obbedì alla necessità, che non la seducesse la idea brillante di Repubblica, la cui gloriosa memoria è evocata da ogni angolo della immortale città. Nè, proclamando la forma repubblicana del suo reggimento, Roma, avente alla testa del suo governo, Giuseppe Mazzini, ripudiava l'alleanza della monarchia, con la quale dichiarava anzi volere andare di conserva nella conquista della indipendenza nazionale (1).

(1) Riferiremo a testimonianza del nostro asserto parte del discorso pronunziato da Giuseppe

82

Ora una nuovità sì grande dovè cagionare una impressione maggiore in Toscana per la natura démocratica dei suoi abitanti e per le splendide memorie, le quali attestano quanto grande e potente

---

Mazzini alla Assemblea Costituente di Roma nella tornata del 19 Marzo. Il triumviro della Repubblica, parlando del ricominciamento delle ostilità, disse le seguenti nobilissime parole.

« *Quando ieri voi udiste annunziarvi la nuova del ricominciamento della guerra dell'Indipendenza, voi prorompeste in unanime applauso. Un grido sorse da tutti voi: VIVA LA GUERRA: grido sublime, perchè la guerra è santa, quando è fatta per la incarnazione di un'idea, pel trionfo di un grande principio. Ma voi dovete essere sublimi com'essa; sublimi di operosità continuata come quella espressione subitanea, concentrata dal segreto delle anime vostre*

« *Quel grido è un programma: programma che move da Roma e da Roma repubblicana; programma, che sarà udito dai nostri fratelli frementi al di là del Po; udito e raccolto come un guanto di sfida, come un invito a duello mortale dal nemico, che accampa nel Lombardo-Veneto; da un nemico che non perdona. Voi avete passato il Rubicone: voi avevate, se posso esprimermi così, nel lembo della vostra veste la pace e la guerra. Avete scelto la guerra, e Iddio vi benedica per questo. Ora dovete farla e dovete vincerla. Noi non possiamo più retrocedere, non possiamo più temporeggiare: bisogna farla e vincerla. Da ora innanzi, io*

fosse la civiltà di tutti nel periodo repubblicano.
Le idee di Repubblica diffuse per l' Italia e per la
Toscana sul tramonto della guerra della indipenden-
za, doveano avvalorarsi per lo esempio della vicina

---

dico, che noi non dobbiamo più parlare, ma agire;
dico, che ogni nostra parola deve essere un fatto.

« Prima conseguenza di questo programma,
che voi avete dato con quel grido sublime, è, la-
sciate che io lo ripeta, un raddoppiamento di concordia tra noi. La prima condizione, perchè quel
programma si compia, è che tutti noi ci affratel-
liamo più strettamente: che tutti noi, dacchè ab-
biamo trovato finalmente un terreno comune, un
terreno su cui sfumano anche le menome dissomi-
glianze, che possono esistere fra noi, non sul concetto,
ma sul modo di spiegare e di promovere il concetto
repubblicano, c'identifichiamo su quel terreno. Noi
non dobbiamo più avere che un pensiero; la guerra;
un sogno; la guerra; una azione, quella che con-
duce alla guerra, e al buon esito della guerra: il
resto lo discuteremo poi.

« E questa concordia deve estendersi al di
là del nostro terreno. Dal programma, che avete
dato, in poi, non vi sono più per me, per Voi, che
due categorie d'Italiani: Italiani, che stanno per
la guerra della Indipendenza, per l'emancipazione
del territorio italiano dall'Austriaco: e Italiani,
che non s'anno per quella. Roma repubblicana mi-
literà contemporaneamente a fianco del Piemonte
monarchico Le due bandiere hanno trovato an-
ch'esse, com' io vi diceva per noi, un terreno co-

84

Roma, ed alla pressione delle tendenze devea unirsi
il solletico della imitazione. Quindi di repubblica
cominciò a parlarsi di proposito, ed i caporioni popolari con pubbliche arringhe si fecero a svolgerne
il concetto alle moltitudini, le quali, prestando orecchio ad ogni più disparato consiglio, di poca energia
si palesavano fornite per augurarne un valido soste-
gno sì per una, che per un' altra idea.

Ed un bel dì infatti (26 Febbraio 1849) una
moltitudine di popolo trasse nella Piazza della Signoria seco recando un albero per piantarvelo nel
bel mezzo, con isciocca imitazione straniera a segnale
di repubblica, quasichè in ogni caso non fossero
bastati l' austero palazzo di Arnolfo, le Logge del-
l' Orgagna, e il David di Michelangiolo per attestare
il viver libero e indipendente di una città. Ma ormai le cose italiane così precipitavano, che le più
serie ed importanti operazioni di un popolo doveano
terminare in commedia, anzi in scurrile farsa. Dipoi
a grandi voce acclamandosi il governo, si obbligò
il Guerrazzi ad affacciarsi alla ringhiera, e gli si
fece palese esser volontà del popolo la proclamazione
della Repubblica. Alla quale puerilità resistè il

*mune: hanno trovato una cosa, che santifica le due
formole. Le questioni di forma spariscono. Noi
siamo nella guerra fratelli.*

« *L'unica gara, che può d'ora innanzi, pen-
dente il tempo della guerra, esistere tra noi, è la
gara di chi fa meglio.* »

Guerrazzi, dicendo, essere inconvenevole cosa proclamare la Repubblica su di una piazza con tanta
trivialità di modi, quando un'Assemblea Costituente
doveva di lì a poco intervallo escire del suffragio
universale. A lei sola, che sarebbe stata la vera
emanazione della sovranità popolare, spettava il diritto di proclamare l' indole del governo confaciente
alla Toscana. Lui, Guerrazzi, non potere accettare le ma-
nifestazioni popolari sì come legge, ma come aspirazione e voto, di cui l'Assemblea nella pienezza de' suoi
poteri avrebbe tenuto conto. (1) — L' esortazioni del
Guerrazzi fecero frutto: la moltitudine sodisfatta del di-

---

(1) *Udiamo ciò che ne disse il Nazionale
di Firenze, organo del signor CELESTINO
BIANCHI attual. segretario generale del Governo della Toscana.*

« *Noi vorremmo tutto intiero riportare
quel discorso* (cioè quello proferito dal Guerrazzi nella circostanza da noi raccontata), *siccome un testimonio del rispetto, che il Governo Provvisorio intende avere alla vera e
sola rappresentanza della sovranità nazionale, all'Assemblea, che il popolo con libero
voto avrà liberamente eletto. Finchè quella
non sia compiuta, e non segga, arbitra su-
prema, perchè dal popolo delegata, dei nostri
destini, chi sarà tanto prosuntuoso da dire :
Io sono il Popolo ?*

« *Vogliamola tutti la Repubblica ;* ( nel
1849 al signor Bianchi non faceva paura la
Repubblica) *vogliamo l' unione con Roma: e
la Repubblica e l' unione con Roma saranno*

86

vertimento procuratosì con la piantagione dell'albero,
si dissipò: la Repubblica rimase ne'voti, perchè nè
il Governo, nè la Costituente la proclamarono: il
Governo non dimise la sua indole di Provvisorio, se
non per concentrare i poteri in un solo individuo,
che fu chiamato per voto dell'Assemblea *Rappresentante del Potere Esecutivo*, al quale ufficio fu
eletto Guerrazzi.

Ora se la Repubblica non fu mai proclamata
in Toscana, come può dirsi che la sua proclamazione provocasse l'intervento austriaco?

E pure tale è l'asserzione del *libellista*, che
noi confutiamo; il linguaggio del quale potrebbesi

---

*un fatto irrepugnabile, solenne, circondato
da tutte le garanzie del diritto. Non è questo un vano amore di legalità; è il rispetto
che si deve alla libertà del voto, alla sovranità del popolo, alla Repubblica; di cui vogliamo, che sia la culla senza sospetto di
violenza, protetta dal voto universale, non
disturbata dal tumulto, e agitata dal sospetto.*

*» Il popolo ieri così sentiva: plaudiva
le forti parole del Guerrazzi, che diceva:
Che l'innalzamento dell'albero della Libertà
era stato accettato dal Governo come un voto,
non come un fatto compiuto: chè non si può
vantare libertà, finchè un tedesco calca col
sacrilego piede la terra d'Italia; che l'albero innalzato sarà il vessillo che dovrà ogni
Italiano difendere, se non vogliamo esser
soggetto di riso e di scherno: che egli al su-*

definiie *sibillino*, se non fosse più acconcio chiamarlo *stupido* e *calunnioso* al tempo medesimo

Ma se non fu per la Costituente e per la Repubblica, per quale altra causa la Toscana si trovò
ad essere invasa dagli Austriaci?    •

Come il procedere lento ed incerto di Carlo Alberto era stato cagione, che la prima guerra della Indipendenza si perdesse, così un fatale destino voleva, che la seconda si rovinasse per un contegno
tutto contrario, azzardato e precipitoso. Imperocchè
Carlo Alberto, veggendo le condizioni interne delle
provincie italiane e del suo reame medesimo essere sconvolte dalla rivoluzione, si avvisò di rompere la tregua stipulata fin dall'agosto dell'anno
precedente, e tentare di nuovo la sorte delle armi,
apponendosi che, se gli avesse arriso la fortuna,
egli sarebbe stato abbastanza poderoso per domare la rivoluzione Sembra impossibile, che quel re
famoso per la sua titubanza sulla scelta dei partiti
e per la scarsa energia nel condurgli a compimento, così si acciecasse sulle forze proprie da giudicare possibile la vittoria. Imperocchè se questa
non eragli riuscito di ottenere nella prima cam-

-premo potere punirà chiunque vorrà attraversare il governo nei suoi disegni legalmente
tendenti ad un bene duraturo; che tutti dob-
biam chinare la fronte al Potere Sovrano, da
tutta la Nazione sanzionato alla Costituente
Italiana. (*Nazonale* 27 *febbraio* 1849. *Num.* 89:

pagna, duce di un esercito pieno di fiducia e di
speranza, con un nemico a fronte stordito ancora
dalle aspre percosse ricevute nella rivoluzione lom-
barda, molto meno era sperabile il vincere nel 1849,
quando il nemico erasi rifatto strabocchevolmente di
forze e di coraggio per la riconquistata Lombardia
e per la tregua imposta a Carlo Alberto. Oltrechè
questi, sdegnando forse appiccare trattative col governo provvisorio di Toscana e con la Repubblica
di Roma per ottenere la loro cooperazione alla
guerra, privavasi di ogni aiuto di alleati, e scendeva
solo in campo a combattere la guerra della Indipendenza Italiana contro lo Impero Austriaco con
le sole forze piemontesi; il che era concetto ispirato da un temerario ardimento, per non dire da
folle presunzione. Ma quando taluno si parte da
un falso principio, o commette un primo errore,
una serie di fatali conseguenze e di sbagli si suc-
cedono quasi per necessaria conseguenza. E questo
intervenire doveva a re Carlo Alberto, il quale, se
aspirava ai buoni frutti sperabili dalla rivoluzione,
aveva troppo schizzinoso e pieno di pregiudizi
l'animo per assumerne arditamente la bandiera e la
direzione. Che s'egli fatto lo avesse, le provincie
italiane si sarebbero assoggettate alla sua dittatura,
almeno morale, quando pe' rovesci del 1848 cominciò a turbarsi la fiducia riposta dai popoli
ne' loro principi: ma il contegno tentennante di
Carlo Alberto; quelle lustre di non volersi giovare
della rivoluzione; quel grande errore di condurre

la guerra della Indipendenza e di provvedere al-
l'assetto italiano co'mezzi gretti, co'quali un principe tutela o promuove gl'interessi dinastici; infine
il suo procedere più da diplomatico, che da guerriero, rappresentarono Carlo Alberto agl'Italiani con
sì sfavorevoli colori da concederglisi tanto poca fiducia, quanta agli altri sovrani d'Italia. Non vo-
leavi meno della risoluta abdicazione: del suo
eroico esilio; della sublime sua morte, per espiare
le colpe della gioventù e gli errori della età virile
e matura, e per conquistare a suo figlio Vittorio
con le sante esortazioni, che moribondo indirizza-
vagli, la fiducia universale degli Italiani. (1)

---

(1) Parranno forse severe le nostre parole su
Carlo Alberto: ma la verità storica esige giudizi
schietti, non cortigiani, come furono quelli del sig.
Gualterio, che meritò per questo la gran censura
del Gioberti, il quale pronunziò su Carlo Alberto un
giudizio anco più severo del nostro. « L'ufficio di
« liberatore d'Italia è così grande e glorioso, che
« richiede un animo puro da ogni parte, e una vita
« incontaminata. L'uomo, che abbandonò in giovi-
« nezza i suoi compagni di sventura, cooperò poco
« appresso a rimettere in ferri un popolo libero, e
« insanguinò i primi anni del suo dominio non era
« degno di tanto onore. Tuttavolta Iddio pietoso gli
« porse all'ultimo un'ammirabile occasione di can-
« cellare le antiche colpe; ma in vece di prevaler-
« sene, ei l'abusò, ritornando al costume antico ;

Alle difficoltà, che attorniavano il ricominciamento della guerra, aggiugner si dovevano gli er-

---

« meno scusabile per l'età provetta e la lunga
« esperienza; onde più grave fu il danno e irre-
« parabile la punizione.... Ma egli fu senza dubbio
« magnanimo nel morire: espiazione meritata, ma
« ch'ei seppe nobilitare in guisa da renderla bella
« e gloriosa. Mentre Ferdinando stracciava i patti
« giurati; Pio e Leopoldo si sottraevano dal peri-
« colo, come quei principi, di cui parla il Machia-
« velli, *che quando veggono i tempi avversi pen-*
« *sano a fuggirsi*, pietoso e commovente spet-
« tacolo fu vedere il re piemontese, sfidata la morte
« arditamente sul campo di battaglia, incontrarla
« con fermo cuore nel suo dimesso e remoto esilio.
« La sostenne cristianamente, ma senza debolezza;
« intrepido, ma senza fasto: le sue ultime parole
« furono per l'Italia: e spirando col suo nome fra
« le labbra, si procacciò l'onore più insigne, che
« possa toccare a un privato ed un principe;
« cioè quello di morir per la patria. E con esso
« si lasciò di grande intervallo addietro tutti gli
« odierni monarchi e gran parte dei preceduti. Pio
« nono lo superava nella grandezza dei principii,
« ma venne meno miserabilmente nel corso dell'o-
« pera sua. Carlo Alberto errò nel cominciamento
« e nel progresso, ma fu grande nella sua fine; e
« laddove la memoria di altri sarà deplorata o ab-
« borrita, la sua ottenne dai coetanei omaggio di
« trionfali esequie, e verrà benedetta e lacrimata
« dagli avvenire. » — *Rinnovamento Civile d'Italia*. Lib. I. cap. 14.

rori, dei quali gran copia si vide di quei giorni, da
dubitare che una vertigine avesse invaso la mente
del re e dei suoi consiglieri. Infatti denunziavasi il
termine dello armistizio prima al · maresciallo Radetzki, che `al generale in capo dello esercito regio
sì, che gli Austriaci avevano incominciato i movimenti
offensivi, ed i Piemontesi non se ne addavano; e
Carlo Alberto valicava il Ticino andando in cerca
dei nemici, mentre quelli per un altro passaggio in-
vadevano il Piemonte con tanta disinvoltura di
mosse, con tanta cera di sicurezza, come se aves-
·sero dovuto trovare alleati, non nemici. Il maresciallo facevasi fin dalle prime così sicuro della vit-
· toria, che in un *manifesto* ai soldati aveva dato
promessa, *che in capo a pochi giorni la pace sarebbe segnata a Torino*: gli errori del governo piemontese dovevano procacciare alle parole del maresciallo riputazione di profezia. De' quali errori poi
nessuno volendo la responsabilità, se ne cercò la
giustificazione nel concorso di circostanze impreve-
dibili, dicevasi, da mente umana, come i dispacci
spediti pel telegrafo, nè giunti al loro destino; alcuni ordini del generale in capo inviati a' suoi di-
pendenti, e non pervenuti o non intesi, o non ese-
guiti; le disubbidienze misteriose del generale Ra-
morino, le quali tolsero all' armata piemontese il
concorso, che poteva essere efficace, di diecimila
buoni soldati lombardi; le suggestioni della setta
assolutista e retrograda, la quale aveva sparso la
malavoglia e la sfiducia nelle schiere piemontesi,

che quelle medesime legioni, le quali si erano im-
mortalate a Volta e Custosa nel 1848, si disper-
sero ai primi colpi di cannone, e mille e mille altri
pretesti, i quali provano sempre più la verità del
proverbio, che dice, *essere la colpa tal vergine, cui
nissuno vuol per moglie*, ma che non alleggerisco-
no il peso delle accuse sollevate contro il re Carlo
Alberto ed il suo governo. (1)

Per le quali cose tutte accadde, che Novara,
già fatale alla libertà italiana per la sconfitta dei
costituzionali nel 1821, dovesse essere fatale alla
indipendenza nazionale per una più memorabile
sconfitta toccata alle armi piemontesi il 23 marzo 1849.

La battaglia di Novara, riducendo alla impotenza il Piemonte, rendeva l'Austria signora
d'Italia tutta quanta. Ed è ben naturale, che quel-
l'Austria, la quale co' famosi trattati speciali da lei
stipulati co' varii Sovrani d'Italia per obbligargli a
non introdurre nel reggimento dei loro stati tali
nuovità, che non si confacessero alla sua posizione
politica nel Lombardo-Veneto, corresse con le vin-
citrici sue falangi ad abbattere la rivoluzione, a ri-

_____

(1) « Se il tema fosse stato men tristo, dice
il Gioberti il tenore dei bandi notificativi dell'infortunio (*cioè della rotta di Novara*) avrebbe mosso
a riso. » *Rinnovamento Civile d'Italia.* Lib. I.
cap. 12.

storare i governi assoluti, a rendere più forte la reazione. E come prima del ricominciamento delle ostilità il più feroce sovrano, che abbia veduto il secolo nostro, non aveva osato spingere più oltre le sue offese contro la Sicilia, nè incominciare politici procedimenti, nè chiudere le assemblee legislative, così dopo la rotta di Novara si videro gli eccidii di Catania, di Siracusa e di Palermo; le stragi miserande di Brescia; il bombardamento di Bologna e di Ancona; l' assedio di Roma; l' assalto di Livorno; il blocco ed assedio di Venezia; Italia intiera sottomessa alla più feroce reazione, che siasi conosciuta nelle moderne istorie. (2) Dopo la rotta

---

(1) « Là disfatta di Novara fu per l' Italia il « preludio di un lungo ed atroce corso di cala-« mità, il quale non è ancora compiuto. Le stragi « di Brescia e di Livorno; la rivolta di Genova; « la pace di Milano; la resa di Venezia; l'oppres-« sione di Lombardia; Roma invasa dagli Spagnuoli « e dai Francesi e straziata da un cardinale; Ales-« sandria, Toscana, Ancona occupate dai Tedeschi; « Napoli e Sicilia tiranneggiate da un mostro; la « libertà e l'autonomia spente; e il Gesuitismo ri-« sorto per ogni dove, dal Piemonte in fuori solo « e dubbioso delle sue sorti avvenire, e infine il « Risorgimento Italiano venuto meno senza riparo; « questi (per toccar solo i mali più gravi) furono « gli effetti dolorosi e fatali della sconfitta » — GIO-BERTI, *Rinnovamento Civile d' Italia, Lib. I. Cap. 12*

di Novara potevasi qua e là opporre resistenza ai
nemici d' Italia, come avvenne di fatto; ma tali re-
sistenze avrebbero salvato l' onore, forse l' avvenire, ma non mai la libertà. La rotta di
Novara aggiugneva ai centomila austriaci trionfanti
altrettanti soldati borbonici, che compivano un brutale assunto nella estrema parte d' Italia; cinquan-
tamila francesi, che combattevano per la reintegrazione del reggimento teocratico in Roma; diecimila
spagnuoli, i quali sebbene non si accorgessero della
loro parte di buffoni, mentre credevano farla da
paladini ad uso del medio evo, non erano però meno
nemici a noi che gli altri stranieri. Di fronte a sì
grandi forze, che potevano mai fare gli uomini, che
per ispregio si chiamano del 1849, più che non facessero? Cadde la Sicilia, ma non senza onore; le
sventure bresciane colmarono di ammirazione gli
austriaci medesimi; Roma cadendo lasciò con una
imbarazzante situazione il compito delle proprie vendette a que' Francesi medesimi, che le riportavano
il papa-re; la presa di Venezia costò all' Austria
quanto una intiera campagna. La Toscana sola, è
vero, non partecipava alle sanguinose glorie, perchè
il popolo sedotto acclamava al principe austriaco,
credendo nella sua bonomia, ch' ei dopo la rotta di
Novara, e dopo le lezioni ricevute a Gaeta sarebbe
ritornato più italiano che non ne partisse! Venezia
col suo memorabile assedio vendicò l' onta della sua
caduta nel 1797: — Firenze con la sua restaurazione offuscò la gloria della difesa del 1530! —

E qui facciam punto, perchè narrare partitamente le cose accadute fin' da' primi giorni della
ristorazione sarebbe assunto doloroso davvero Evo-
carne le tristi e sanguinose memorie oggi, viventi ancora gli uomini che la compirono, potrebbe credersi
ufficio suggerito da inimicizie personali, di cui siamo
affatto scevri. Solo diremo, che se la ignavia degli
uomini non consentiva pugnare per la libertà, il
pudore doveva almeno consigliare a non ischernire
il sangue, che altri più prodi versarono per la patria ! (1)

(1) Alludiamo allo inverecondo linguaggio del
Giornale lo Statuto, il quale pubblicavasi in Firenze nel 1849 a cura de' *liberali moderati*; pei
quali non fu sacro il valore spiegato nella difesa di
Roma da'bravi volontari italiani e dal Garibaldi, di
cui si parla come di un avventuriere, presso a poco
come di un taglieggiatore di campagne. I compilatori
dello Statuto erano i Sig. Avv. Marco Tabarrini, Avv.
Leopoldo Galeotti; Prof. Gio. Batt. Giorgini; marchese F. A. Gualterio, Marco Minghetti. Non potendo
riferire tutti i passi di quel *Giornale* dei costituzionali dinastici, rinviamo i lettori a leggerne i Nu-
meri seguenti: cioè de'4 Luglio 1849, N. 43 del
10 di detto mese N. 40: del 14 luglio N. 53; del
15 N. 54; de' 16 N. 55 e del 19 N. 57. — Malgrado di tal suo linguaggio e malgrado altresì dei
suoi fervorini mellifui *al Principe Leopoldo reduce
dall'onorato suo esilio* (di Gaeta) questo giornale
fu soppresso dalla brutalità del ministro Landucci.

La restaurazione del reggimento granducale inaugurando un sistema di reazione per lo innanzi sconosciuto, contristava la Toscana con le uccisioni, con le violenze, con le prigionie, con gli esilii: e tra gli esuli fu il prof. Giuseppe Montanelli, cui fu ventura essersi recato a Parigi con pubblico ufficio innanzi che il governo provvisorio cadesse, conciossiachè le ire del governo granducale lo avrebbero riserbato a sorte più crudele, se crudelissima riputar non si dovesse la privazione della patria, per la quale egli aveva pugnato da forte a Curtatone.

Ma nello esilio il Montanelli si mantenne puro ed illibato da macchia, cercando il conforto nel vivere appartato e nella dimestichezza co' più illustri italiani suoi consorti di sventura, tra i quali Manin, Gioberti, Cernuschi, Mazzoni ed altri, che non si diedero all'arte sterile de' cospiratori, ma con lo esempio, con gli scritti, con la serenità dell'animo mantennero viva la speranza di una rivincita de'patiti infortunii. E' fu in tal congiuntura, che il Montanelli, nauseato della codardia di coloro, i quali si adattarono di cheto alle soperchierie del ristorato governo in Toscana, pubblicò le sue *Memorie*, dove molte interessanti particolarità sulle cose successe in Toscana, fin'allora ignorate, si narravano. Il fondamento delle quali *Memorie* essendo la verità, ei non potè dirla, senzachè scottasse a certuni, i quali col Montanelli avendo diviso gl'intimi affetti e partecipato ai disegni, poi avevano disertato lor fede politica, non vergognando di prestarsi docili istrumenti delle sregolate voglie di un governo sleale. Che se costoro furono dal Montanelli smascherati, e per le parole di lui ebbero a correre il rischio di perdere la grazia dei governanti acquistatasi con inonorate professioni di fede, noi non sapremmo biasimare l'illustre scrittore di averlo fatto ; conciossiachè mentre siamo aborrenti dalle proscrizioni per causa di opinioni, confessiamo candidamente, non provare pietà per coloro, che fanno delle opinioni proprie turpe mercato, simili alle prostitute, che vivono del proprio disonore. Ambisca pure l'anonimo detrattore del Montanelli all'aureola di farsi difensore delle *giubbe rivolte* ; noi non gliela contendiamo: egli avrà le sue buone ragioni a farlo, chè talora nella difesa altrui si provvede a sè stesso.

È un fatto omai accertato dalla storia, che i principii nobili e virtuosi, come altrettante verità, non possono alla lunga esser soperchiati dalla brutale violenza, ma ricevono vigore dalle persecuzioni, e terminano col trionfare non appena ne sia stata resa capace la coscienza universale. Ora il principio della indipendenza italiana era una di quelle verità, cui non poteva mancare il trionfo, perchè, suscitatasene la idea, ne doveva rivelare alle genti italiane il bisogno ineluttabile, allo appagamento del quale si sarebbe rivolta la operosità nazionale. Quindi il principio della indipendenza vagheggiato da menti elette in tempi dai nostri più remoti, doveva a mano a mano entrare nella coscienza dei popoli, ed infiam-

marli di sorte, da renderli capaci di ogni sacrifizio
per rivendicare alla patria comune la sua condizione
vitale, per giungere al conseguimento di quei destini brillanti, che la Provvidenza ha riserbato a
questa eletta parte d'Europa. La guerra del 1848
fu il primo esperimento tentato dalle genti italiche;
fu quasi una esplorazione delle forze, che si richie-
devano per far trionfare il principio della nazionalità, e per prima prova gl'Italiani non ebbero nè a
vergognarsi, nè a scoraggirsi: in un avvenire più
o men prossimo, l'assunto tentato sarebbe stato
ripreso con energia ed avvedimento maggiori: il
sangue sparso su' campi italiani doveva necessariamente fecondare il sublime principio.

Per la qual cosa riesce inconcepibile, che i
governi ristorati nella interezza del loro assoluto
potere riputassero facile assunto spengere negl'Italiani la coscienza dei loro diritti, ed anzi non si
accorgessero, che il sistema di reazione inaugurato
da' governi all'ombra delle soldatesche straniere
dovea necessariamente condurre ad un risultato diame-
tralmente opposto ai loro fini. Imperocchè, se Gladstone trovava impossibile fare un processo ad un popolo
intero, più lo era uccidere l'Italia, ed in ogni caso
avrebbe giovato all'intento un sistema di corrut-
trice dolcezza e di narcotiche lusinghe. Le violenze
costituendo uno stato contro natura, nel quale le
cose, sì come ammaestra Giambattista Vico, non si
adagiano o per poco vi durano, doveva accelerare le
occasioni di una seconda riscossa. Le quali occa-

sioni tanto meno sarebbero mancate, perocchè non
piccolo frutto della rivoluzione del 1848 era lo
avere ordinato il Piemonte a stato costituzionale,
ed avergli fatto abbandonare la gloriosa bandiera
dei sabaudi monarchi per assumere quella dai colori nazionali. Un Piemonte con libero reggimento
e con bandiera italiana diveniva ne' moderni tempi
per l' Italia il tempio di Vesta degli antichi Romani:
il fuoco sacro custodito in Piemonte da un re celebrato per la lealtà e per la fermezza de' propositi, da
un ministero e da un parlamento riuniti in un solo
affetto, quello d' Italia, dovea mettere in fiamma
l' Italia dalle Alpi al Lilibeo, quando l' ora segnata
dalla Provvidenza fosse scoccata.

Ed un mezzo di straordinaria efficacia per procacciare agl' Italiani la indipendenza della loro patria
aveva la Provvidenza suscitato in Francia con l'as-
sunzione al trono di Luigi Napoleone Buonaparte,
erede di un nome, che se è caro alla Francia come
quello in cui si personifica la più splendida epoca
della storia nazionale di lei, accende altresì l' orgoglio degl' Italiani, che l' italico sangue scorrente
nelle vene dei Buonaparte videro chiamato a sì
alti destini, sebbene dal primo Napoleone non ne
ricevessero quei benefici, i quali di buon diritto
attendevano da lui.

Non ispetta a noi Italiani indagare l' arcano
concetto propostosi dall' imperatore Napoleone III
nel sollevare la quistione italiana, e nello assumere
le parti di nostro liberatore. Conciossiachè od ei

fosse ispirato da vedute dinastiche, o da bisogno di accrescere la potenza morale della Francia, è sempre un benefizio inestimabile ed incompensabile, che gl' Italiani han ricevuto da lui : e come ogni benefizio merita la riconoscenza di cui lo riceve, così quello arrecato da Napoleone all' Italia è di tal mole, che nessuno guiderdone non sarebbe valevole a pareggiare. Sappiamo bene, che vi sono degl' infelici, per non dire tristi politici, pe' quali la gratitudine è un affetto volgare; ma a noi piace, che ciò ch' è pregio e virtù di un individuo, debb'esserlo altresì di un popolo e di una nazione ; epperò se alcuna cosa non sarebbe altrettanto detestabile quanto l' uomo ingrato, stimeremmo indegno di alti destini un popolo, che chiudesse la sua coscienza alla gratitudine pe' benefizi ricevuti.

E' fu adunque per gli ottimi esempi del Re Vittorio Emanuele ; per una politica nazionale felicemente condotta dal ministero piemontese, della quale il maggior merito si deve al conte Cammillo di Cavour che primo si librò al di sopra delle grettezze municipali, fatto accorto dagli errori del 1848, e soprattutto poi pel magnanimo aiuto francese procacciatoci dalla tenace volontà di Napoleone III, che l' Italia dopo dieci anni di sventure potè riprendere la prova infelicemente tentata nel 1848-49.

Era ben naturale, che alla risurrezione del principio della Indipendenza nazionale, que' sovrani d'Italia, i quali con una crudele oppressione l' avevano perseguitato, si sentissero compresi di terrore.

E dappertutto si videro agitarsi i popoli, massime
della Toscana, la quale alla vigilia delle prime o-
stilità sullo esempio di Firenze sorse protestando
di voler associare le proprie forze a quelle franco-sar-
de per prendere la rivincita del 1848. A Leopoldo
parve svegliarsi da un lungo sonno, allorchè il 27
Aprile 1859 gli fu riferito, che la Toscana, dipin-
tagli da' suoi consiglieri quieta, tranquilla, morta per
sempre alle utopie nazionali, voleva la guerra contro l'Austria. La paura, dote consunta degli animi
volgari, s'impadronì del principe, che non rifiutò
di venire a trattative col popolo, e di acconsentire
a riporre fuori la bandiera tricolore, ch'egli aveva
levata di mezzo per dar luogo alla gialla e nera, e
con lo ufficio del marchese di Laiatico si cominciò a
parlamentare tra il principe chiuso nella sua reggia
ed i caporali del movimento, stretti a convegno nel
palazzo dell'ambasciata sarda. E le trattative tra
il principe e gli uomini della rivoluzione progredi-
vano a buon porto, consentendo il principe a bandire,
come nel 1848 aveva fatto, guerra all'Austria; a ri-
storare le franchigie costituzionali; a dimettere il
generale austriaco da lui preposto all'esercito toscano, a destituire il ministero, ch'eragli stato socio
nello spergiuro, e con esso i pubblici funzionari,
i quali avevano con soverchia impudenza calpestato
il sentimento nazionale; chè tali erano le condizioni imposte dagli uomini, i quali si aveano arrogato
il diritto di parlare a nome del popolo e trattare
gl'interessi di lui. Più tardi una nuova condizione

imposta a Leopoldo, cioè la propria abdicazione a
favore del primogenito suo Ferdinando, parve sì dura
ed umiliante all' orgoglio principesco, che amò meglio
abbandonare la Toscana, fiducioso in segreto, ch'ei
come nel 1849, vi sarebbe tornato co'suoi tedeschi.
Senza la quale ultima condizione la Toscana vedrebbe anche oggi la reggia de' Pitti abitata da' suoi
antichi sovrani! La quale circostanza abbiam creduto notare non per fare rimprovero a coloro, che
in nome del popolo parlamentavano, conciossiachè in
quella grande ansietà ed incertezza di eventi, non pareva vero alla Toscana di partecipare alla guerra nazionale senza aumentare le difficoltà cacciando, come
ben si meritavano, i propri principi: ma perchè si
conosca, che gli eventi superarono lo intendi-
mento ed i primitivi concetti degli uomini, i quali
non avrebbero dovuto poi montare in tanta super-
bia, come se questi eventi fossero stati di lunga mano da loro preparati od anco preconizzati,
come accadde dipoi, che que' medesimi, i quali
avevano contrariato il principio unitario o per affetto alla dinastia, o per pregiudizio municipale,
o per averlo creduto d'impossibile attuazione, se
ne vantarono quasi promotori, associandosi alle
diffamazioni e alle calunnie sollevate contro chi
era stato men contrario di loro al principio unitario medesimo.

Partito Leopoldo senza darsi cura di nominare
verun governo, come aveva fatto il dì 7 Febbraio
1849, insediavasi un governo provvisorio, che offrì

la dittatura al re Vittorio Emanuele, il quale dichiarò di accettarla durante il tempo della guerra, deputando' il cav. Carlo Boncompagni a governare in suo nome la Toscana come Commissario Straordinario. Narrasi, che lo imperatore Napoleone, udita la partenza di Leopoldo, scrivesse al suo ambasciatore, esser lieto, che fosse tolto un imbarazzo di più alla impresa, cui si accingeva.

Pel quale esempio i ducati di Modena e di Parma, e le confinanti Romagne più non istavano alle mosse: ma occupate, com'erano, dalle soldatesche austriache, era loro interdetto di muoversi: la battaglia di Magenta, obbligando alla ritirata quei corpi di occupazione, dovea liberare più tardi quei paesi dove si proclamavano governatori Luigi Carlo Farini a Modena e Parma; Leonetto Cipriani nelle Legazioni, i quali, imitando lo esempio Toscano, rassegnavano la dittatura al re Vittorio Emanuele.

Le promesse di Napoleone recavano, che l'Italia dovesse esser liberata dalla signoria straniera, la quale quanto era un flagello alla prosperità interna di lei, convertivasi in pericolo giornaliero per l'Europa, cui contendevano la pace le rivoluzioni sempre temibili de' popoli oppressi. *La liberazione d'Italia dalle Alpi all'Adriatico* formava la sostanza del programma napoleonico.

Le vittorie di Montebello e di Palestro, e le più splendide di Magenta, di Melegnano, di Solferino e di san Martino trionfate dalle armi alleate erano l'attuazione del disegno napoleonico: la Lom-

bardia già libera dalle armate austriache; Peschiera
investita; il Mincio valicato formavano gli splendidi
risultati di quelle grandi giornate: gli eserciti vincitori si apprestavano di volentieroso animo alla
espugnazione del così celebrato quadrilatero. Allorchè una tregua inaspettata, seguita da preliminari
di pace, lasciava incompiuto il programma imperiale, e precipitava in un attimo le speranze degl' Italiani da quella sommità, cui erano salite.

Giammai non si vide l' Italia in preda a tanto
sgomento per i preliminari di Villafranca, se forse
non fu dopo la triste giornata di Novara. L' Austria rimanendo signora del Veneto, e posseditrice
de'baluardi del quadrilatero, era una minaccia quo-
tidiana per noi, che potevamo vederla tosto o tardi
scendere di nuovo in campo per riconquistare il
perduto dominio della Lombardia, massime per la
possibilità, che la politica francese andasse sottopo-
sta per imprevidibili vicende a sostanziali modi-
ficazioni. Le ristorazioni de' principi spodestati pat-
tuite genericamente in quei preliminari, sebbene
non si accennasse con sufficiente evidenza il modo
di condurle a compimento, mettevano a durissime
prove l'Italia centrale, e porgevano il destro alle
reazioni interne. — I preliminari di Villafranca in
una parola furono per l'Italia un vero *colpo di
stato.*

Se non che gli animi dei popoli rinfrancatisi
dal primo stupore, fatti certi, in mezzo al mistero
che avvolgeva il brusco partito preso dall'Imperato-

re, che alcuno intervento straniero non si sarebbe adoperato per imporre ai popoli ordini contrarii alle loro volontà, si applicarono allo studio dei mezzi, pe'quali si creasse un contrappeso alla signoria austriaca rimasta potente in Italia.

Ora, tornando alquanto indietro col filo del discorso, è a sapersi, che, mentre in Lombardia riportavansi le strepitose vittorie sopraccennate, in Toscana aveva cominciato a sorgere la idea di riunire le sparse membra d'Italia in una sola nazione: e poichè si rendeva necessario trovare un simbolo unitario, che servisse di centro di fusione, così fu riputato non esservene alcuno più acconcio di Vittorio Emanuele, il quale, nel bandire la guerra all'Austria, avevala chiarita guerra nazionale, eliminando qualunque concetto dinastico. Vittorio era adunque sì per lo ufficio egemonico esercitato dal Piemonte ne'dieci anni della schiavitù nazionale; sì per le schiette dichiarazioni fatte al Parlamento ed alla Nazione il gonfaloniere della rivoluzione nazionale: e perchè siffatta qualità dovesse essergli anco più fiduciosamente attribuita dagl'Italiani, era sopraggiunto acconciamente il bando di Napoleone III da Milano, dove si esortavano gl'Italiani ad accorrere in armi sotto la bandiera di Vittorio Emanuele, la quale era pure la bandiera italiana, col fregio di più dell'argentea croce di Savoia. Ora i repubblicani erano in voce di più caldi partigiani della unità italiana, la quale era stata più specialmente consacrata dal sangue sparso nel 1849.

Roma; epperò, promovendosi l'attuazione della loro
teoria, facile riuscì ottenere da loro la transazione,
che alla formula repubblicana si sostituisse la mo-
narchica, illeso rimanendo il domma fondamentale
della unità. La qual cosa è tanto vera, che le prime mosse sul terreno unitario partivansi dal campo
dei volontarii italiani raccolti nel corpo dei cacciatori degli Appennini, tra i quali trovavasi il pro-
fessor Montanelli, che, come nel 1848, aveva offerto in questa seconda guerra nazionale il suo
braccio alla patria. Montanelli, fattosi ad elaborare
il concetto unitario, ne mise a parte il senatore
Plezza, il quale trovavasi in Alessandria in condizione di Commissario del Re : e piacendo a costui
il disegno, fu convenuto, che avesse a spedirsi in
Toscana proba ed onorata persona con lo speciale
ufficio di saggiare gli animi di questa provincia
d'Italia, e, se giudicato gli avesse inchinevoli al
concetto unitario, studiasse di fare entrare in
tali vedute gli uomini preposti al Reggimento della
Toscana. Il Plezza somministrò la pecunia occor-
rente all'uopo propostosi ; e con ispeciale autorizza-
zione del regio commissario facevasi partire di Alessandria il prof. Aquarone, ligure di patria con cre-
denziali per varie influenti persone.

Ma il principio della unità nazionale non giun-
geva nuovo in Toscana, dove già era sorta l'agitazione per tale idea dal momento che i municipii
di Siena e di Livorno si erano assunti l'ufficio
d'interpetri del desiderio popolare: i governanti dal

canto loro temevano di farsi scopertamente aiutatori
del concetto unitario sì, che non fu senza minaccie
di pubbliche dimostrazioni, che consentirono a non
contrariare la sottoscrizione d'indirizzi al Re Vitto--
rio Emanuele, quali indirizzi furono riputati il mezzo più acconcio di manifestazione, non avendosi legali assemblee, tranne i municipii, per chiarire il
voto popolare.

Se non che tra i governanti medesimi era
chi con grande fervore incoraggiava il movimento
popolare, invitando sotto mano scrittori più o meno
valenti a propugnarlo sì perchè la idea unitaria divenisse
popolare, sì perchè per il lavorìo della stampa acqui-
stassero credito presso la diplomazia gl'Indirizzi,
che a migliaia di esemplari erano esposti nei pubblici luoghi per essere firmati dagli accorrenti. E
tra'governanti, che più si prestassero a favorire il
movimento unitario, non potrebbesi senza ingiuria
della verità omettere il Barone Bettino Ricasoli: sul
quale noi preghiamo i benevoli lettori a permet-
terci una digressione; che stimiamo tanto più necessaria, quanto nelle precedenti pagine ne abbiam
fatte alcune per uomini emuli al Ricasoli. Di lui
adunque diremo poche parole, ma franche e leali,
perchè, il personaggio è tale da meritarle.

Il Barone Bettino Ricasoli, sebbene appartenga
alla più insigne nobiltà toscana, fu uomo di schietti
e liberi andamenti: — fu di sangue aristocratico, ma non ebbe degli aristocratici il fasto e la
vuota alterezza. Quanto ai principii politici di lui,

devesi ascrivergli a merito, che fin dal 1848 nu-
trisse principii unitarii, i quali schernivansi col nome
di Albertismo: pure stette con la dinastia lorenese,
non potendosi sperare di quella stagione prosperi
successi a idee unitarie; più tardi diè opera alla
restaurazione di Leopoldo, dimentico forse, che non
vi è ingratitudine, di cui un principe non sia capace. Abusatosi della buona fede di lui dal granduca ristorato, riparò in Isvizzera, esule volontario
per non vedere le vergogne della dinastia, ch' egli
aveva contribuito a salvare, e la infelicità della
patria. Forse il Ricasoli credè, che la reazione
dovesse esser men lunga, ma quando per la
caduta della repubblica francese parve la reazione trionfare di novello vigore dappertutto, tornò
in Toscana, vivendo alla campagna, e schifando vi-
tuperevoli onori: in breve fu uomo, su cui si po-
sarono gli occhi del partito nazionale (1). Trovatosi

---

(1) Ci piace di riferirne per documento un
fatto successo a noi stessi.

Circa a quell' epoca, in cui il governo granducale, credendo morta per sempre l' Italia, con-
sumò il grande atto dell' abolizione dello statuto,
un avvocato fiorentino il sig. T.... C...., a-
vuto in fama di *guerrazziano* e di *rosso* (ci per-
metterà il lettore di usare il gergo dei partiti di
quel tempo, tanto più che il vocabolario non è anche passato di moda) ed al tempo stesso tenuto in
credito grande per la illibatezza della sua fede politica, un bel giorno lamentavasi meco, che il pae-

(forse involontariamente) nella congrega di quelli,
che usarono da traditori col Guerrazzi, nel processo
contro il medesimo parlò ai Giudici parole così fran-

se accettasse di quieto tutte le soverchierie della
restaurazione, e non sorgesse una voce libera e coraggiosa a protestar contro le medesime. — Il Governo, dicevami può fare e disfare all'allegra, perchè tutti stanno zitti, ed il Baldasseroni è quegli,
che ha ben conosciuto la Toscana. — Ebbene,
gli risposi, che dovremmo noi fare? individual-
mente, ben poco: collettivamente qualche cosa:
ma in tal caso converrebbe associarsi ed intendersi tra noi. — Allora quel sig. Avvocato palesò un suo concetto, consistente nel destare
in Toscana un' agitazione legale; che avrebbe dovuto
così avere il suo principio. Una deputazione di uomini indipendenti (particolarmente del ceto avvoca-
tesco, il quale per le abitudini della sua professione
sembra fatta apposta per la opposizione), si presen-
tasse al Principe: gli esponesse i gravami del paese;
reclamasse la sodisfazione dei propri bisogni; osasse
dirgli, che l'indirizzo del Governo non andava a sangue a nessuno; ripetesse la reintegrazione dello Statuto del 1848. — È certo, soggiungeva l' avvocato,
che il principe si adombrerà; si cruccerà: minaccerà
pur anco i membri della Deputazione; e dirà un
bel nò. Ma intanto questo fatto, divulgato e conosciuto dal paese, sarà il germe dell' agitazione,
contro la quale si spunteranno le ire del governo,
perchè non escirà giammai dei limiti della legalità.
E dichiarando io, che il disegno mi garbava, e che
dal canto mio sarei stato volentieri del bel numero uno: Ma, riprese l' avvocato, sarebbe neces-

che **e** severe, che parvero (e lo erano di fatto) una coraggiosa protesta contro i deplorevoli abusi di potere commessi dalla dinastia : se anco egli avesse

---

*sario, perchè la opposizione acquistasse credito, che* *avesse a capo un personaggio di ben conosciuta* *importanza politica : e nessuno meglio non potrebbe* *capitanarla del barone Bettino. Ricasoli.*

Nel 1848 io era troppo giovine per avere avuto dimestichezza col Ricasoli; — Più tardi (cioè dopo gli scandoli di S. Croce nell' anniversario · del 29 maggio) · quando sotto il Governo Granducale non era più sicuro pregiare per i propri morti, s'immaginò un modo di protesta contro le prepotenze governative, **e** si fece consistere nel pubblicare un libro commemorativo della guerra della Indipendenza, adorno dei ritratti di quelli, che vi perderono la vita. Questo lavoro esigeva assai pecunia, e fu divisato metterla insieme con azioni di cinque francesconi l'una, rimborsabili in altrettanti esemplari dell' operetta. Io fui presentato al barone Ricasoli in tal circostanza, e l'ebbi non solo azionista, ma confortatore all'impresa con nobili e sdegnose parole per la ribalderia dei tempi ; le quali lasciarono in me così gradita impressione del barone Ricasoli da farmi desiderare il proseguimento della relazione con esso, la quale continuò anche dopo la pubblicazione di quell'operetta, che venne in luce, come Iddio volle, accadendo di lei, come della cucina, che i troppi cuochi la guastano : nondimeno il concetto rimase qual era cioè una protesta contro il governo per via di una commemorazione dei gloriosi morti per la patria.

Or dunque mi avventurai ad offrirmi all'avv

peccato per lo avanti, nessuna ammenda non poteva
essere più onorevole ; non essendo senza pericolo
parlare a quel modo con gli Austriaci in casa : la

cato C. . . . per parlarne accademicamente al barone
Ricasoli per scandagliarne l' animo : e colto uno di
quei rari contrattempi, concessi dalla breve sua
dimora (era proprio di ore) che ogni tanto egli faceva
in Firenze, gli esposi il disegno, non tacendo il
nome dell' autore del medesimo, affinchè il Ricasoli
non la credesse una qualche scempiaggine giovanile.
Ed il Ricasoli raccoltosi in meditazione mi rispose
con queste poche ma solenni parole. « *Dal momento
che la dinastia lorenese da noi ristaurata ha cor-
risposto così male alla fiducia del paese fino al
punto di abolire lo Statuto, è rotto ogni vincolo
tra lei ed il paese. Dal canto mio, non vi può
essere più nulla di comune tra il granduca e me.
L' Italia deve ormai geitare le sue mire più in
alto ; e la Toscana non può essere da meno. Si
vuole un re nazionale? È a Torino. Si vuole la
libertà e l' indipendenza? otto milioni di Italiani
sorgano per volerla, e l' avremo. Ma chiedere la
restituzione dello Statuto abolito è un transigere
con la dinastia, ed io non mi presterei mai a queste transazioni. Anzi dirò di più, che se questo
Statuto fosse reintegrato, ed un Collegio Elettorale
m' inviasse deputato al Parlamento, non accetterei
il mandato.*

Io gli feci allora osservare, che non vi era pericolo di transazione, perchè era evidente, che alle
sollecitazioni fattegli il principe avrebbe risposto *no*,
e forse peggio.

nobiltà del contegno di lui rapì il Guerrazzi medesimo, dal quale ebbe i ringraziamenti per via delle
stampe. Rilevata la Toscana dall'abiezione, alla quàle
era stata condotta dal governo granducale, il barone
Ricasoli dovea necessariamente essere fra gli eletti
a governarla, non potendosi trovare tra gli uomini
politici del paese chi più del Ricasoli ne meritasse
la fiducia per gli schietti e virili propositi. Ed en-
trato egli di fatto nel Governo della Toscana, ebbe
l'appoggio degli amici e de'nemici: de'primi era logica
necessità; de'secondi fu virtù e patriottismo, imposti
dalla difficoltà de'tempi; virtù e patriottismo, de'quali
per altro era necessario sì sapesse buon grado a chi

---

*E se dicesse di sì? — Questo è impossibile. —
Impossibile; no: improbabile, — Sia, ma è tale im-
probabilità da confinare con la impossibilità. Ma,
dato pure, che rispondesse di sì, io non terrei la
Toscana così vincolata dalla riconciliazione fatta
col suo Principe da dovere rinunziare per sempre
a quei diritti che come provincie d' Italia le com-
peterebbero. La costituzione reintegrata, reintegran-
do la stampa nella ampiezza della sua libertà;
autorizzando il principio di associazione, darebbe
mezzo d' intenderci, e giunta la maturità dei tempi
potrebbesi accomiatare la dinastia de' nostri principi, e dirle, che il suo regno in Toscana è finito.
— Il Barone stette pensoso, e disse queste ultime
parole: Val meglio non cercare le occasioni di ri-
conciliarci quando la riconciliazione non può essere sincera.*

de-
elle
iale
rone
letti
nini
asse
en-
bbe
ica
osti
uali
chi

—
m-
fa,
la
ita
rre
n-
i-
i;
ic
n

imponevasi tanta nobiltà di contegno, che fu anzi,
se non dispregiato, per lo meno non tenuto nel
debito onore, la qual cosa è da annoverarsi tra
gli errori commessi dal Ricasoli, de'quali noi non
vogliamo svolgere partitamente la serie, compiacen-
doci di riconoscere, che la colpa di tali errori più
che sul Ricasoli ricade su coloro, che avevano intorno a lui tessuto un circolo infausto, e, come
Macbeth in quello delle streghe, ve lo avevano
stretto e chiuso nel mezzo sì, che il Ricasoli ebbe
la responsabilità di atti non suoi. Certo , come non
si potè perdonare al Ricasoli, che non avesse con
generale provvidenza decretato risarcimento a chiunque per odio di liberi e patriottici sensi era stato
dal governo dei Lorenesi perseguitato, così non potè
piacere un sistema dispotico, che parve concedere
il reggimento interno della Toscana in balìa di una
setta: nè chi conosceva i liberi e spregiudicati pen-
samenti del Ricasoli si capacitava, ch'egli (il quale
esclusivo non era) potesse acconsentire a farsi stru-
mento di uno esclusivismo, dapprima scusato al-
legando che i momenti difficili imponevano al Ricasoli un sistema in ogni sua parte non lodevole:
ma quando anco dopo i plebisciti si videro continuare vituperose transazioni con uomini appartenenti
ad un odioso passato, ed ingiustificabili diffidenze
con altri, che, comunque un tempo fossero stati avversari politici del Ricasoli, pure si eran mantenuti
fedeli al domma nazionale, pel quale aveano affron-
tato duri patimenti, in Toscana si dileguò quella

8

**114**

maestosa armonia, che fu la più bella glori a di lui
nel risorgimento del 1859 (1).

---

(1) Non dispiacerà ai nostri lettori l' udire il
ritratto, che del barone Ricasoli faceva il prof. Giu-.
seppe Montanelli narrando il risorgimento italiano
cominciato nel 1846 nelle tanto perseguitate sue Memorie pubblicate nel 1852. Avvertasi, che già tra il Montanelli ed il Ricasoli era sorto lo antagonismo derivante dalla varietà dei principii politici: ma questo antagonismo non rendeva ingiusto il Montanelli
verso il Ricasoli.

« Bettino Ricasoli, gentiluomo fiorentino, era
« devoto a bene di popolo, senza solletico di popo-
« larità; di franchezze municipali, d' indipendenza
» e d' unione italiana caldo desideratore, e per ma-
« schio sentire, per gloriose tradizioni domestiche,
« per austera disciplina evangelica e pratica di virtù
« cittadina temperato. Sdegnando le frivolezze della
« città schiava, passava tutto l'anno in campagna, di
» perfezionamenti agronomici e d' istruzione morale
« al contadiname apprestatore. Non appena seppe
« alitare in Firenze nuova vita, e nella città de-
« desiderato il coraggio del cittadino, alla cura
« pubblica ogni altre cura proposta, sollecito vi si
« recava; e tutto sè e la sostanza sua per la pa-
« tria agli amici offeriva. Questi solevano scher-
« zando chiamarlo l' *orso dell' appennino* e vera-
« mente alla pelle abbronzata, ai portamenti sem-
« plici . allo schietto ed energico dire, Bettino
« spiccava singolare d'alpestre vigore fra le sla-
« vate figure dei patrizi sibariti dell'Arno! MON-
« TANELLI *Memorie sull' Italia e specialmente sulla*
« *Toscana dal 1814 al 1850, Vol. I, Cap. 25.*

Esposto sul Ricasoli il giudizio nostro, il quale, osiamo credere imparziale, riprendiamo il filo degli avvenimenti.

Il Ricasoli adunque favorì di gran cuore il movimento unitario, e non fu senza politica importanza vedere tutti i Municipi toscani (ad eccezione di pochissimi) convertirsi quasi in altrettanti Parlamenti per rassegnare al re Vittorió Emanuele lo universale desiderio de' Toscani di abdicare alla loro condizione di Stato per divenire provincia di Italia riunita a Nazione. Ed il movimento andò assumendo, come accade di ogni umana cosa, di giorno in giorno tale importanza, che lo Imperatore dei Francesi, il quale con lo acuto suo sguardo seguiva gl' interni commovimenti de' popoli come le mosse degli eserciti, ne prese interesse, e delegò persone di sua particolare fiducia, perchè a lui ne riferissero. I delegati imperiali furono il senatore Pietri ed il prof. Rapetti, entrambi Corsi, svisceratissimi napoleonisti; i quali si diedero ad ispezioni ed esami locali; ed il Rapetti corse fino ad Acqui, dove chiamò a confidenziale consulta il Montanelli per averne istruzioni intorno allo assetto della Italia Centrale: ed ascoltate attentamente le ragioni, che consigliavano a non contrariare i desiderii únitarii, volle che il Montanelli ne redigesse un conveniente memoriale per rassegnarsi allo Imperatore, al quale, vedutolo ed esaminatolo, parve garbare l' indirizzo preso dai popoli italiani, nè si trapelò ch' ei volesse dichiararsi avverso ai medesimi, tutto al più molestandolo il dubbio, che nello entusiasmo pel principio unitario fosse alcun che di artificioso e di non spontaneo.

Le cose della media Italia adunque così procedevano, allorquando la pace di Villafranca mise in basso i dorati sogni e le lusinghiere vedute; alle quali sottentrava il lugubre fantasma di ristorazioni per un precedente sperimento avuto in orrore.

E come accade a chi trovasi ridotto a grande estremo di tarpare le ali ai desiderii, e di appagarsi di più modesta condizione, così ai popoli dell'Italia Centrale pareva dopo la pace di Villafranca gran mercè, se con la forza non fossero stati costretti a riporre il collo sotto lo antico giogo. E di fatto sarebbe sembrata follia, che popoli inermi, resi incerti delle loro condizioni da pericoli interni ed esterni, avessero fatto del principio della unità, nazionale quistione sostanziale: onde i governi dell'Italia Centrale si limitarono ad inviare loro incaricati a Torino con ufficio di adoperarsi, perchè non si ristorassero per forza di armi le cadute signorie.

Adempieva l'ufficio d'inviato toscano a Torino il segretario del governo Celestino Bianchi, mandatovi espressamente per chiarire i rettori di ciò che la Toscana avesse avuto a sperare od a temere. Intanto il prof. Montanelli, cui era paruto cadere dalle nuvole a tanto inattesa mutazione di eventi, aveva sollecitato un abboccamento dallo imperatore de'Francesi, dal quale umanamente ac-

colto, ebbe a udire benevoli propositi per i popoli
della media Italia, i quali egli garantiva, che non
sarebbero stati offesi da armi straniere; ma non
però si fermassero sul concetto della unità nazionale, essendo questa impossibile — Le quali promesse ed esortazioni dello imperatore il Montanelli riferiva al segretario Bianchi, cui parve toccare il cielo con un dito ad aver la guarenti-
gia del *non intervento*, e non gli parve gran sacrifizio dimettere il concetto unitario, di cui anco
per lo innanzi non erasi chiarito troppo acceso
partigiano.

Ma il Montanelli, dovendo come tutti gli altri
per la forza degli avvenimenti fermarsi a più
modesti desiderii, aveva immaginato un concetto,
meno splendido e brillante dello unitario, ma (quando questo non potevasi conseguire) il più confaciente agl'interessi della Italia Centrale, ed il meno
nocivo ai generali della nazione. Imperocchè egli, avuta
la sicurezza del non intervento, si avvisò, convenire
alle varie provincie centrali unirsi in lega tra sè,
formando un esercito poderoso quanto più si potesse; di cui fosse preposto al comando il generale Garibaldi, come quegli che rappresentava il
principio della rivoluzione nazionale, della quale
per la pace di Villafranca non potendo esser teatro
la Venezia, dovea divenirlo l'Italia Centrale. Quivi
si accumulassero gli elementi dell'italica rivoluzione:
quivi convenisse il fiore ed il nerbo delle emigra-
zione italiana: quivi si rannodassero i bravi caccia-

tori delle Alpi e degli Appennini per servire di
nucleo ad un'armata italiana. Dalle provincie della
media Italia il soffio rivoluzionario si spandesse per
le contigue provincie dello stato pontificio; si pro-
pagasse nella Italia meridionale, di cui i popoli
oppressi non avrebbero tardato ad insorgere: là
lotta, che sarebbesi impegnata tra i dispotici governi e le popolazioni ribellate, fosse compito dello
esercito dell' Italia centrale sostenere e trionfare:
allora nuove forze rivoluzionarie, dapprima non ispe-
rate, sarebbero venute in buon punto a bilanciare
il malefico influsso della pace di Villafranca: il concetto unitario dimesso per un istante per la prepotenza
degli avvenimenti sarebbe stato riassunto, e con
forze italiane condotto al finale trionfo.

Tali erano i concetti montanelliani; i quali
palesati al generale Garibaldi ottennero la sanzione di lui, che rilasciava al Montanelli uno scritto
di sua mano, pel quale dichiaravasi pronto ad assumere il comando dello esercito della Italia centrale, se dalla lega fossegli stato concesso.

Ma la difficoltà maggiore era ad incontrarsi nel
governo del re Vittorio; conciossiachè non gli fosse
lecito in tanta gravità di condizioni di favorire scopertamente un assunto rivoluzionario, massime dopochè egli aveva alla sua volta consentito e firmato
(checchè ne abbiano detto i cortigiani) i preliminari di Villafranca. Ora Garibaldi essendo generale dell' armata regia, ed i cacciatori delle Alpi
corpo di milizia assoldata dal governo del Re,

non potevano essere concessi in servigio della
Italia Centrale senza rischio di offendere la suscet-
tibilità di Napoleone e della europea diplomazia.
Onde, strettosi a consulta col conte di Cavour, il
Montanelli non potè ottenere, se non che Garibaldi
rassegnasse l'ufficio di Generale dello esercito piemontese, ed il corpo de' cacciatori delle Alpi si
disciogliesse, affinchè al capitano ed a' soldati fosse
fatta abilità di condursi nella Italia Centrale. —
Composte in siffatta guisa le cose, rimaneva a con-
seguirsi il consenso dei governi dell' Italia centrale;
i quali mostratisi dapprima favorevoli al disegno,
poi mutarono consiglio per i segreti maneggi del
Farini, fin da quel tempo non troppo benevolo al
Garibaldi, invece del quale fu preposto il generale
Manfredo Fanti al comando dello esercito della lega
sotto colore, che egli fosse più eccellente negli or-
dinamenti militari, ed a lui, Garibaldi, fù dato il
meno importante ufficio di Generale dello esercito
toscano.

Per le mutate condizioni d'Italia l'amicizia francese, sempre gradita a noi Italiani, divenne pre-
ziosa , imperocchè oltre al recente ed incomparabile benefizio di averla avuta aiutatrice nella
guerra, fosse la sola nazione, benevola la quale
e ci potesse e volesse porgere una mano soccorre-
vole nelle angustie, donde eravamo attorniati. Quindi si vide la necessità di avere a Parigi un oratore , che fosse in fama di bene accetto al
gabinetto imperiale, e pei suggerimenti del segre-

tario Bianchi fu tale ufficio affidato al Montanelli
con istruzione ( poichè della unità italiana si era
deposto il pensiero ) di giovare alla causa de' popoli dell' Italia Centrale nelle condizioni, ch'erano
fatte loro dalla pace di Villafranca, sembrando
gran mercè, che non si rivocasse il principio del
non intervento. Ed il Montanelli gradiva la com-
messione, posciachè egli pure per la forza degli
eventi era stato costretto a mutare avviso, massime quando si fu chiarito, che al primitivo sarebbe mancata l'approvazione imperiale, ch'era il
tutto in tanto pericolo delle patrie sorti. Poco
appresso essendo convocata un' assemblea toscana di rappresentanti, perchè nelle sue deliberazioni si avesse una manifestazione legale dei voti
di questa provincia, il Montanelli disdisse l'ufficio
di oratore a Parigi, sembrandogli più importante presentarsi al Collegio Elettòrale del suo
paese nativo candidato per essere eletto al grave, ma onorato ufficio di Rappresentante. Da che
agevolmente si può giudicare quanta sia la malignità dei detrattori, allorchè, narrando dell'ufficio
di oratore a Parigi dapprima accettato e poi di-
sdetto dal Montanelli, si vorrebbe far credere, che
il Governo gli avesse conferito il mandato, ed egli
lo avesse consentito di andare a Parigi difensore del
principio unitario, mentre questo era già stato abbandonato dal Governo per la veduta impossibilità
di farlo trionfare: epperò al Montanelli nessuna speciale istruzione si conferiva tranne quella di pa-

rorare, perchè le ristorazioni convenute a Villafranca non s' imponessero ai popoli.

In questo mezzo adunque accadde, che il Go-.
verno della Toscana, confortato dal parere della
.Consulta di Stato, determinò di convocare una grande Assemblea di Rappresentanti eletti col mezzo
del suffragio a tenore della legge elettorale, che il
Governo del Gran-Duca aveva pubblicato nel 1848
per servire alla formazione del Consiglio Generale.
Ugual partito avean preso i governi delle altre provincie dell' Itàlia centrale, laonde nello stesso giorno ad argomento di eguaglianza di concetti si aprivano Assemblee di Rappresentanti a Firenze, Bologna, Modena e Parma; le quali Assemblee con
solenni deliberazioni dovevano certificare l' Europa
dei desiderii delle province della media Italia.

Non vi fu candidato, il quale innanzi agli Elettori di ciaschedun Collegio non facesse professione
de' proprii principii politici: e siccome le Assemblee, ch' erano per formarsi, non aveyano attribu-
zioni legislative, ma compendiavano il loro ufficio
in una solenne attestazione di voti e nulla più, così
in Toscana accadde, che gli Elettori, lungi dallo
affidare ai loro deputati un mandato indefinito, lo
conferirono contrariamente precettivo; consistente
nel dichiarare, principalmente, che la Toscana non
avrebbe mai consentito a riprendere i suoi antichi
principi; dipoi, esser voto dei popoli di abdicare
la loro autonomia per fondersi attorno alla monarchia costituzionale di Vittorio Emanuele, come a

nocciolo della unità nazionale. Così il principio u-
nitario abbandonato da' primi suoi promotori e dal
governo, fu arditamente riassunto dagli Elettori toscani,
la cui unanimità di concetto metteva in seria ap-
prensione i rettori, còme quelli che ben sapevano
quali ostacoli, si frapponessero alla sodisfazione di
tali voti.

Il prof. Montanelli, candidato nel Collegio di
Focecchio, dichiarò ai suoi elettori con franco e
leale linguaggio, che egli non avrebbe esitato nel
decretare l' ostracismo alla dinastia lorenese ; ma
che non avrebbe assunto impegno di sorta rispetto
al principio unitario, che volevasi risuscitare, riputando insormontabili gli ostacoli esterni sollevati
contro di esso. Però essi elettori fossero liberi di
conferire altrui il mandato, se di tal sua dichiara-
zione non fossero sodisfatti. — Ma gli elettori del
collegio di Focecchio, commettendosi alla lealtà del
Montanelli, a preferenza di altri lo elessero.

L' Assemblea de' Rappresentanti della Toscana
si riunì in Firenze il dì 12 Agosto 1859 in mezzo
alle acclamazioni generali del popolo ; cui pareva
buono augurio vedere convenuto da tutta la Toscana
sì gran numero di Deputati, quasichè con la pro-
nunzia delle loro deliberazioni le sorti della patria
potessero assicurarsi.

Il mandato precettivo imposto dagli Elettori
ai Deputati rendeva assai penosa la condizione dei
governanti, paurosi che un troppo risoluto contegno
potesse riuscire disaccetto allo imperatore: ma d'al-

tra parte le tendenze dei Deputati si erano chiarite
in modo così energico nell' adunanza preparatoria
tenutasi il giorno precedente alla solenne apertura,
da non ammettere transazione di sorte. I deputati
delle province avevano dichiarato, ch' essi non si ri-
putavano abilitati a non prendere cognizione di
nessun altro progetto, tranne che della decadenza
della dinastia lorenese, e della fusione dell'autonomia toscana in quella nazionale, di cui la monarchia
sarda consideravasi il centro morale : altrimenti a-
vrebbero rassegnato l' ufficio. Siffatte dichiarazioni
imponevano al Governo un compito più arduo di
quello che fosse nelle sue intenzioni : nondimeno conveniva associarvisi, se non volevansi gittare le interne
condizioni della Toscana in gravissimo perturba-
mento : ondechè il Governo si risolvè a sottoporre
all' Assemblea la proposta della fusione della Toscana alla monarchia costituzionale del Piemonte.
    Ma nel fare la proposta, così il Governo come
i suoi più intimi dubitavano forte, che potesse at-
tenderla un esito propizio; e più crescevano i dubbj
per le relazioni, che si ricevevano dagli oratori toscani a Parigi ed a Londra. Anzi il marchese di
Laiatico, D. Neri Corsini, scriveva lettere, il tenore
delle quali quanto era rassicurante intorno al non
intervento, altrettanto toglieva le speranze, che il
principio unitario fosse benignamente accolto dai
gabinetti europei; e lord Russell credeva conveniente dirlo senza ambagi al Corsini, il quale di
rimando esortava gli amici suoi a chiarire i Depu-

tati degli ostacoli, che si opponevano alle generose
loro aspirazioni, e raccomandava che pur consacrando il
principio unitario, usassero cauto linguaggio per non
subire la umiliazione di vedere dispregiate le loro
deliberazioni : del resto non disdiceva alle tendenze
dei Toscani, parendogli, che l' Europa pur volendo
tarpare i desideri dei popoli, qualche cosa dovesse
loro concedere , e di quei tempi sembrava assai, che
non ci riportassero i principi spodestati con la forza
delle armi.

Ora il contegno del Montanelli nell'Assemblea
fu quello medesimo, che già aveva avuto a Torino
l'approvazione del segretario Celestino Bianchi e dipoi dai governi dell' Italia Centrale. Non esitando
un istante a deporre il suo voto nell'urna contro la
ristorazione de'principi lorenesi, che avevano combattuto tra le file austriache contro la indipendenza
nazionale, non potè associarsi all'altra deliberazione
per la quale si consacrava un principio, ch'egli ri-
putava per la forza degli avvenimenti d'impossibile
successo.

Suscitare oggi contro il prof. Montanelli l'accusa, ch'egli avversò l'unità nazionale come principio, anzichè dire ch'ei non favorì lo impulso del
paese per timore, che, restato una volta l'entusiasmo per una brillante prospettiva, le condizioni italiane dovessero peggiorare, la diplomazia straniera
avesse conteso ai popoli lo appagamento degli espressi
desiderii, è assunto di calunniatori troppo novizi nel
loro mestiere.

Conciossiachè se ciò fosse vero, sì come andò
bucinandosi da chi, non sappiamo poi con quali
intendimenti, si compiacque rendere impopolare
il nome, d'altra parte pubblicamente estimato, di Giuseppe Montanelli, che egli avesse il fine segreto di favorire le ambizioni di un Napoleonide,
non si sarebhe fatto dal campo di Acqui ini-
ziatore del principio unitario; nè avrebbe adoperato il credito perchè trovasse favóre presso lo Imperatore Napoleone; nè scritto a difesa della unità
nazionale. Più tardi Deputato all'Assemblea, avrebbe
dovuto combattere la proposta fusione della Toscana
alla monarchia Sarda; invece si limitò a non fare
atto di presenza alla deliberazione solenne del 18
agosto, imponendosi un contegno passivo, di cui ri-
cevè i ringraziamenti dal Ricasoli medesimo, cui
parvo la condotta del Montanelli piena di nobiltà e
degna di ogni elogio: ora il Ricasoli, ch'era degli
ardenti partigiani del concetto unitario, non avrebbe
dovuto ringraziare il Montanelli, essendo ben naturale, che si ringrazino gli amici, si guardino in cagnesco gli avversari. E nella convocazione straordinaria dell'Assemblea Toscana accaduta il 7 novembre 1859, i propositi del Montanelli dovevano
delinearsi con tale chiarezza da sconfortare l'assunto
oggi cottimato dai calunniatori. Imperocchè il Montanelli aderiva alla proposta della Reggenza con
parole, le quali giova riferire nel loro preciso tenore:

« Aderisco alla Reggenza del principe di Ca-

« rignano proposta per la Toscana, e già decretata
« dalle Assemblee di Bologna, Modena e Parma.
« Mi astenni dal partecipare al voto di annessione
« della Toscana al Piemonte, perchè la riputai im -
« possibile. Reputo invece possibile la formazione
« di uno stato centrale d' Italia, e considero come
« ottimo partito ogni passo, che fanno le quattro
« province del centro per accomunare le armi, i
« governi, le istituzioni, i consigli e i pericoli (1).

    Chi non vede, che il Montanelli dà il suo voto
alla Reggenza, perchè vi scorge il principio di un
Regno dell' Italia Centrale, unico concetto, secon-
docbè egli opinava, di cui potesse essere consentita
dai gabinetti europei l' attuazione? — Ed il voto,
che il Montanelli diede al principe Eugenio di Savoia, più che proclamazione di un Reggente, fu
proclamazione di Re dell' Italia Centrale. Or se il
Montanelli col suo voto acclamava Re dell' Italia
Centrale Eugenio di Savoia, come poteva suppor-
glisi un segreto affetto per un Napoleonide? e met-
terlo in voce, che volesse favorire gl' interessi
della famiglia imperiale di Francia a spese della
nazionalità italiana? Se tutto ciò fosse stato vero
Montanelli avrebbe egli dato il suo voto ad un
Principe di Casa Savoia, la cui elezione avrebbe
chiuso per sempre le porte al Napoleonide?

---

    (1) Tornata dei 9 Novembre 1859 nel *Moni-*
*tore Toscano de' 10 Novembre N. 281.*

Finalmente ogni dubbio su' concetti montanelliani si dilegua per le parole, ch' egli disse nell'ultima adunanza dell' Assemblea il 17 di Marzo,
quando già la Toscana aveva pronunziato pel suffragio universale sulle sue sorti. Omai il dado era
gittato: un popolo non può proclamare solennemente
la sua volontà in faccia agli stranieri senza la ferma
risoluzione di usar lo estremo della possa, perchè
i diritti suoi sieno rispettati. Se qualunque individuo di gagliardo volere ha il debito di non discendere ad una estremo partito senza avervi prima
ben riflettuto, nè può senza onta disdire a sè stesso
al primo ostacolo, che gli si attraversi, molto più
deve procedere assennato un popolo prima di ri-
solvere; ma scelto il partito, non vi deve essere
sacrifizio, cui l'animo non sia parato a sopportarlo
serenamente. Il contegno delle popolazioni della
media Italia fu soprammodo sublime: i plebisciti
degli 11 e 12 marzo erano la più gagliarda manifestazione della idea nazionale; erano la protesta più
eloquente contro la pace di Villafranca, ed insie-
mememente più ardita, perchè esciva della bocca di
popoli inermi, per così dire, e che pure osavano
affrontare le ire della vecchia diplomazia europea.
Di fronte adunque a tale ordinamento popolare,
ogni titubanza diveniva viltà; ogni varietà di concetti individuali era interdetta dal rispetto dovuto
al voto del popolo investito della sua sovranità. —
Il Montanelli non si era fino allora associato allo
entusiasmo popolare, perchè dubitava della riuscita,

ma quando egli vide il popolo dispregiare i pericoli, sparì nel Montanelli l' uomo politico, e ricomparve in tutto il suo splendore il patriotta, il soldato di Curtatone: *Avete proclamato la unità ? ebbene vogliamola tutti, nè siavi sacrifizio di cui l' animo non si reputi capace* . . . . Ma non usiamo parole di nostro, e riferiamo invece quelle pronunziate in tal circostanza all' Assemblea.

« Noi ci troviamo fra due politiche: una po-
« litica, che comincia ed una politica che finisce.
« La politica che comincia, fu iniziata dal conte
« di Cavour nella sua risposta alla nota francese
« del 24 febbraio. La politica, che finisce, è quella
« esposta oggi dal Presidente del Ministero nel suo
« messaggio.

« La Francia proponeva al Piemonte due si-
« stemi di assesto dell' Italia Centrale: si diceva
« pronta a garantire l'uno con le armi sue; lasciava
« l'altro a tutto rischio del Piemonte e degl' Ita-
« liani. Il sistema non garantito dalla Francia era
« quello dell' adesione del Piemonte alle annes-
« sioni pure e semplici dell' Italia Centrale all' I-
« talia subalpina.

« Il conte di Cavour rispose, che se l'Italia
« centrale si fosse dichiarata nuovamente per le
« annessioni, il Re le avrebbe accettate: quindi si
« entrerebbe in quella via, nella quale la Francia
« aveva dichiarato, non essere disposta a seguirci.

« Io non voglio giudicare questa politica; si
« giudicherà dagli effetti. *Solamente sento il biso-*

« gno come cittadino italiano di dichiarare, che,
« se potemmo avere dissentimenti prima che si
« prendesse un partito audace, i dissentimenti
« debbono sparire, ogniqualvolta il partito fu preso
« e la bandiera d' Italia è innalzata, e la patria
« in pericolo chiamà tutti i suoi figli alla difesa
« Sì codesto partito è audace: risponda all' auda-
« cia dell'idea l'audacia dei fatti.

   « Il presidente del Ministero con una since-
« rità; che grandemente l'onora, non ha dissimulato il
« vero senso del voto di annessione. Non si vuole
« ingrandire il Piemonte; si vuole costituire l'Ita-
« lia.... Il voto di annessione, diciamo la parola, è
« voto di unità. Ora la unità d' Italia non ha ella
« potentissimi nemici ? Ma se il re Vittorio Ema-
« nuele dice, che contro questi nemici dobbiamo
« lottare, l'Italia sorga tutta dalle Alpi alla Sicilia,
« e si eseguisca a questo appello solenne la pro-
« messa, che il popolo fece di consacrarsi alla di-
« fesa del suo voto.

   « Il Parlamento, che deve riunirsi a Torino,
« si levi all'altezza del Congresso, che sancì la indi-
« pendenza americana, e ispiri i grandi sacrifizi ne-
« cessari in momenti supremi. » (1)
   Ora se dai fatti superiormente narrati non ap-
parisse con invidiabile chiarezza, essere stato il
Montanelli tra' promotori della unità italiana, dalle

----

(1) *Tornata de' 20 marzo 1860 nel Moni-*
*tore Toscano del 21 marzo num. 72·*

parole proferite all'ultima tornata dall' assemblea
dei Rappresentanti con isplendere di meridiana luce
risulterebbe, ch' egli ha fatto solenne ed esplicita
accettazione del principio.

E questo solo basterebbe a chiarire pieno di
malignità lo incivile contegno degli avversarii del
Montanelli venduti ad un sodalizio, che ha il triste
merito di avere applicato alla politica le massime
dei Gesuiti, co' quali esso ha comune la smodata
ambizione e la cupidigia di oro e d'impero.

Qui termina il nostro assunto: spendere ulteriori parole a difesa delle illustre personaggio, sarebbe opera inutile; tanto ci paiono provate la illibatezza politica dell'offeso; la mala fede degli offensori.

Ma non sapremmo porre termine a questo,
quale ch'ei siasi, lavoro, senza gittare un colpo d'occhio sulle condizioni presenti d'Italia.

I popoli italiani, sedotti dalla brillante idea
della unificazione in un sol corpo della patria comune, risolvettero di rendere fatto compiuto ciò che
fino ai presenti giorni era sembrata utopia. Le teorie
unitarie già speculativamente vagheggiate da' più potenti ingegni d'Italia, non furono da nessuno portate
sulla via dello esperimento, tranne da Giuseppe Mazzini, ch'ebbe lo scherno degli uomini politici suoi contemporanei, e per giunta allo scherno sovente di
atroci ingiurie fu fatto segno il suo nome; o lo è
anche oggi, che i principii di lui han ricevuto uno
splendido e non isperato trionfo.

Non vogliamo oggi metterci ad esaminare, chi
abbia più meritato dell'Italia, perchè là dove il
nuovo ordine di cose riconosce la sua origine dal
suffragio universale, è certo che senza una mirabile
concordia di voleri sarebbe stato impossibile condurre la patria a sì sublime altezza di condizioni
e di speranze: epperò riputiamo debito di giustizia
affermare, che tutti han meritato di lei. Che
se taluno a confronto del fratello italiano ha la coscienza di avere operato di più, non ne tragga argomento di orgoglio, ma beato si reputi, perchè la
Provvidenza lo abbia reso capace di meritare vie-
maggiormente della patria.

I plebisciti per altro non hanno valore, se non
in quanto agl'individuali voleri uniti in un sol fa-
scio si uniscano le destre pronte ad impugnare le
armi per rendere rispettati i decreti del popolo.
Epperò quella concordia, che partorì le maravigliose
votazioni dell'Italia Centrale negli 11 e 12 Marzo
1860 e le successive di Napoli e di Sicilia, pre-
sieda agli apparecchi per le ultime e definitive lotte
nazionali.

Il suffragio universale rappresenta egli di fatto
il volere di tutti? Tutti sorgano unanimi difensori
dei proprii decreti. — Il suffragio universale fu
opera di un'autorità trascendentale del partito nazionale sulle moltitudini? — Questa medesima autorità si eserciti, perchè non manchino armate braccia
per difendere i diritti d'Italia.

Immensi pericoli sovrastano non pure alla unità,

alla indipendenza altresì; i quali con verun altro mezzo non potranno sormontarsi, se non con la concordia del vòlere e della azione.

Nella lotta presente sono impegnate le sorti d'Italia e della Monarchia: le prime potranno essere da infausti eventi ritardate, non spente, perchè una nazione non muore giammai; ma la monarchia morrà, se si mostrerà impotente a costituire l'Italia. —

Gli errori commessi dal Governo fino ad oggi sono gravissimi, avendo egli diviso l'opinione nazionale in due campi ostili, mediante un sistema fallacissimo, perchè fondato sullo *esclusivismo*. È una follia, una vera alienazione mentale pretendere, che si possa fare l'Italia, appoggiandosi su di un partito: perchè, quando pure per le condizioni esterne non vi fosse a temere, sarebbe un mettere a cimento lo sviluppo interno della nazione, aprendo l'era delle rivoluzioni.

L'unità italiana è consacrata, è vero, da milioni di voti: ma troppo presto si è dimenticato, che questi voti sono altrettanti frammenti di carta, i quali si potrebbero convertire in quelle foglie, dove la Sibilla Cumea scriveva i suoi oracoli, che ogni alito di vento disperdeva. Ed in Italia più sorta di turbinosi venti soffiano impetuosamente ai danni del recente edifizio; cioè:

1. Gli Austriaci a Venezia.

2. Il potere sacerdotale a Roma, che, simile al-

l' Anteo della Favola, riceve nuove e maggiori forze nella sua apparente umiliazione.

3. Il poco favore della Francia per le idee unitarie italiane.

4. I pregiudizi e le tradizioni delle varie province, aumentati i primi dalle improvidenze governative; le seconde non sodisfatte di un sistema, che sembra voler tutto ingoiare a benefizio di un centro e di una metropoli.

6. Le reazioni, che serpeggiano per la Italia tutta quanta, pronte a cogliere la prima occasione per fare rifiorire un odioso passato.

Contro tutti questi ostacoli, se non sarà poca, non sarà di certo soverchia la concordia di tutte le opinioni, che compongono il partito nazionale.

Gli *esclusivi* promuovono eglino questa concordia?

Chiunque ha coscienza risponda.

CPSIA information can be obtained at www.ICGtesting.com
Printed in the USA
BVOW07s1148250913

332120BV00012B/108/P